중국에 대한 외국인 직접투자의 기술파급효과

Fund Project: The Project Sponsored by the Scientific Research Foundation for the Returned Overseas Chinese Scholars, State Education Ministry. The Project Sponsored by the State Ethnic Affairs Commission of the People's Republic of China (NO.12ZNZ016).

중국에 대한 외국인 직접투자의 기술파급효과

孟庆雷 지음

전북대학교 출판문화원

목 차

제1장 서론 ········ 1
1.1 연구의 배경 및 목적 ········ 1
1.2 연구의 대상 및 방법 ········ 3
1.3 논문의 구성 ········ 5

제2장 FDI에 의한 기술파급 경로 ········ 6
2.1 FDI에 의한 기술파급의 개념 ········ 6
2.2 FDI에 의한 기술파급 경로 ········ 8

제3장 기존 문헌연구 ········ 15
3.1 기술파급효과에 관한 문헌연구 ········ 15
3.1.1 기술파급경로에 따른 기술파급효과에 관한 선행연구 ········ 15
3.1.2 국가 경제수준에 따른 기술파급효과에 관한 선행연구 ········ 22
3.1.3 분석방법에 따른 기술파급효과에 관한 선행연구 ········ 24
3.1.4 연구대상에 따른 기술파급효과에 관한 선행연구 ········ 27
3.2 중국에 대한 기술파급효과에 관한 중국문헌 연구 ········ 30
3.2.1 연구대상에 따른 기술파급효과에 관한 선행연구 ········ 30
3.2.2 분석방법에 따른 기술파급효과에 관한 선행연구 ········ 32
3.2.3 중국에 대한 기술파급효과에 관한 선행연구에 대한 평가 ········ 34

제4장 중국에 대한 FDI유치정책 및 기술 현황 ········ 37
4.1 중국에 대한 FDI유치정책 ········ 37
4.1.1 외국인 투자유치정책의 역사적전개 과정 ········ 37
4.1.2 투자유치제도 ········ 40
4.1.3 투자우대제도 ········ 42
4.1.4 중국의 외국투자기업 관련 법규 ········ 43
4.2 중국에 대한 FDI 현황 ········ 45

4.2.1 연도별 FDI 현황 ··· 45
4.2.2 산업별/업종별 FDI 현황 ··· 48
4.2.3 지역별 FDI 현황 ··· 52
4.2.4 투자원천국별 FDI 현황 ··· 53
4.2.5 투자형태별 FDI 현황 ··· 56
4.3 중국내 FDI와 기술지표 현황 ··· 58
4.3.1. 중국내 FDI와 공업 부가가치 현황 ··· 58
4.3.2 중국내 국내기업과 외국인투자기업의 공업기술지표 ··· 60

제5장 실증분석 ··· 64
5.1 지역별 중국내 FDI의 기술파급효과에 대한 실증분석 ··· 64
5.1.1 분석모형의 설정 ··· 64
5.1.2 분석 방법 및 분석모형의 검정 ··· 71
5.1.3 분석결과 ··· 74
5.2 산업별 중국내 FDI의 기술파급효과에 대한 실증분석 ··· 81
5.2.1 분석모형의 설정 ··· 81
5.2.2 연구방법론 ··· 89
1) 정태적 패널모형(Static panel mode) ··· 89
2) 동태적 패널모형(Dynamic panel model): 1차 차분 일반적률모형 GMM(First difference generalized method of moment) ··· 90
5.2.3 분석결과 ··· 94
1) 정태적 패널모형 추정결과 및 시사점 ··· 131
2) 동태적 패널모형 추정결과 및 시사점 ··· 137

제6장 결론 ··· 142

참고 문헌 ··· 148

부록 ··· 157

Abstract ··· 173

표 목차

[표 2-1] FDI에 의한 기술파급효과의 유형분류 ······ 14
[표 3-1] FDI의 기술파급효과에 관한 선행연구 ······ 29
[표 3-2] 중국에 대한 기술파급효과에 관한 중국문헌 연구 ······ 35
[표 4-1] 외국인투자 관련 2007년 변경 주요 법률 및 규정 ······ 41
[표 4-2] 관세 및 증치세(부가자치에)면제대상 기업 ······ 42
[표 4-3] 중국에 대한 연도별 FDI 현황 ······ 47
[표 4-4] 중국에 대한 업종별 FDI 현황 ······ 49
[표 4-5] 산업별 대 중국 외국인직접투자 실질투자 현황 ······ 50
[표 4-6] 중국의 지역별 외국인직접투자 현황 ······ 52
[표 4-7] 주요 주(洲)별 대중국 직접투자(실질투자) 현황 ······ 54
[표 4-8] 대중국 외국인직접투자 실질투자 10대국가 ······ 55
[표 4-9] 형태별 대 중국 외국인직접투자 실질투자 현황 ······ 57
[표 4-10] 중국의 연도별 FDI와 공업 부가가치 현황 ······ 58
[표 4-11] 중국 동부, 중부, 서부지역에 대한 FDI와 공업 부가가치현황 ······ 59
[표 4-12] 국내기업의 공업기업기술지표1 ······ 61
[표 4-13] 외국기업의 공업기업기술지표1 ······ 61
[표 4-14] 국내기업의 공업기업기술지표2 ······ 62
[표 4-15] 외국기업의 공업기업기술지표2 ······ 63
[표 5-1] 변수의 정의 및 출처 ······ 70
[표 5-2] 유도형방정식의 잔차 검정결과 ······ 74
[표 5-3] 중국 국내기업에 대한 분석결과 1(자산총액 이용) ······ 76
[표 5-4] 중국 국내기업에 대한 분석결과 2(취업자 수 이용) ······ 78
[표 5-5] 외국인 투자기업에 대한 분석결과 3 ······ 80
[표 5-6] 변수의 정의 및 출처 ······ 88
[표 5-7] 전국에서 비국유기업의 기술파급효과에 대한분석결과 ······ 95
[표 5-8] 전국에서 국유기업의 기술파급효과에 대한 분석결과 ······ 96
[표 5-9] 전국에서 국내기업의 기술파급효과에 대한 분석결과 ······ 97
[표 5-10] 동부지역에서 비국유기업의 기술파급효과에 대한 분석결과 ······ 98
[표 5-11] 동부지역에서 국유기업의 기술파급효과에 대한 분석결과 ······ 99

[표 5-12] 동부지역에서 국내기업의 기술파급효과에 대한 분석결과 …… 100
[표 5-13] 서부지역에서 비국유기업의 기술파급효과에 대한 분석결과 … 101
[표 5-14] 서부지역에서 국유기업의 기술파급효과에 대한 분석결과 …… 102
[표 5-15] 서부지역에서 국내기업의 기술파급효과에 대한 분석결과 …… 103
[표 5-16] 중부지역에서 비국유기업의 기술파급효과에 대한 분석결과 … 104
[표 5-17] 중부지역에서 국유기업의 기술파급효과에 대한 분석결과 …… 105
[표 5-18] 중부지역에서 국내기업의 기술파급효과에 대한 분석결과 …… 106
[표 5-19] 기술 집약형산업 내 전국에서 비국유기업의 기술파급효과 ····· 107
[표 5-20] 기술 집약형산업 내 전국에서 국유기업의 기술파급효과 ········ 108
[표 5-21] 기술 집약형산업 내 전국에서 국내기업의 기술파급효과 ········ 109
[표 5-22] 기술 집약형산업 내 동부지역에서 비국유기업의 기술파급효과 … 110
[표 5-23] 기술 집약형산업 내 동부지역에서 국유기업의 기술파급효과 … 111
[표 5-24] 기술 집약형산업 내 동부지역에서 국내기업의 기술파급효과 … 112
[표 5-25] 기술 집약형산업 내 서부지역에서 비국유기업의 기술파급효과 ·· 113
[표 5-26] 기술 집약형산업 내 서부지역에서 국유기업의 기술파급효과 … 114
[표 5-27] 기술 집약형산업 내 서부지역에서 국내기업의 기술파급효과 … 115
[표 5-28] 기술 집약형산업 내 중부지역에서 비국유기업의 기술파급효과 ·· 116
[표 5-29] 기술 집약형산업 내 중부지역에서 국유기업의 기술파급효과 … 117
[표 5-30] 기술 집약형산업 내 중부지역에서 국내기업의 기술파급효과 … 118
[표 5-31] 노동 집약형산업 내 전국에서 비국유기업의 기술파급효과 ····· 119
[표 5-32] 노동 집약형산업 내 전국에서 국유기업의 기술파급효과 ········ 120
[표 5-33] 노동 집약형산업 내 전국에서 국내기업의 기술파급효과 ········ 121
[표 5-34] 노동 집약형산업 내 동부지역에서 비국유기업의 기술파급효과 ·· 122
[표 5-35] 노동 집약형산업 내 동부지역에서 국유기업의 기술파급효과 … 123
[표 5-36] 노동 집약형산업 내 동부지역에서 국내기업의 기술파급효과 … 124
[표 5-37] 노동 집약형산업 내 서부지역에서 비국유기업의 기술파급효과 … 125
[표 5-38] 노동 집약형산업 내 서부지역에서 국유기업의 기술파급효과 … 126
[표 5-39] 노동 집약형산업 내 서부지역에서 국내기업의 기술파급효과 … 127
[표 5-40] 노동 집약형산업 내 중부지역에서 비국유기업의 기술파급효과 … 128
[표 5-41] 노동 집약형산업 내 중부지역에서 국유기업의 기술파급효과 … 129
[표 5-42] 노동 집약형산업 내 중부지역에서 국내기업의 기술파급효과 … 130

그림 목차

[그림 2-1] FDI에 의한 기술파급 7
[그림 4-1] 외국인투자 관련 법률체계 44

부표 목차

〈부표 1〉 기초 통계량 158
〈부표 2〉 분석결과 [표 5-3]에 사용된 독립변수간 상관관계 158
〈부표 3〉 분석결과 [표 5-4]에 사용된 독립변수간 상관관계 159
〈부표 4〉 분석결과 [표 5-5]에 사용된 독립변수간 상관관계 159
〈부표 5〉 전국에서 비국유기업의 기술파급효과에 대한 기초통계 160
〈부표 6〉 전국에서 국유기업의 기술파급효과에 대한 기초통계 160
〈부표 7〉 전국에서 국내기업의 기술파급효과에 대한 기초통계 161
〈부표 8〉 동부지역에서 비국유기업의 기술파급효과에 대한 기초통계 ... 161
〈부표 9〉 동부지역에서 국유기업의 기술파급효과에 대한 기초통계 162
〈부표 10〉 동부지역에서 국내기업의 기술파급효과에 대한 기초통계 162
〈부표 11〉 서부지역에서 비국유기업의 기술파급효과에 대한 기초통계 ... 163
〈부표 12〉 서부지역에서 국유기업의 기술파급효과에 대한 기초통계 163
〈부표 13〉 서부지역에서 국내기업의 기술파급효과에 대한 기초통계 164
〈부표 14〉 중부지역에서 비국유기업의 기술파급효과에 대한 기초통계 ... 164
〈부표 15〉 중부지역에서 국유기업의 기술파급효과에 대한 기초통계 165
〈부표 16〉 중부지역에서 국내기업의 기술파급효과에 대한 기초통계 165
〈부표 17〉 전국에서 비국유기업의 기술파급효과에 대한 상관분석 166
〈부표 18〉 전국에서 국유기업의 기술파급효과에 대한 상관분석 166
〈부표 19〉 전국에서 국내기업의 기술파급효과에 대한 상관분석 167
〈부표 20〉 동부지역에서 비국유기업의 기술파급효과에 대한 상관분석 ... 167
〈부표 21〉 동부지역에서 국유기업의 기술파급효과에 대한 상관분석 168
〈부표 22〉 동부지역에서 국내기업의 기술파급효과에 대한 상관분석 168

〈부표 23〉 서부지역에서 비국유기업의 기술파급효과에 대한 상관분석 … 169
〈부표 24〉 서부지역에서 국유기업의 기술파급효과에 대한 상관분석 …. 169
〈부표 25〉 서부지역에서 국내기업의 기술파급효과에 대한 상관분석 …. 170
〈부표 26〉 중부지역에서 비국유기업의 기술파급효과에 대한 상관분석 … 170
〈부표 27〉 중부지역에서 국유기업의 기술파급효과에 대한 상관분석 …. 171
〈부표 28〉 중부지역에서 국내기업의 기술파급효과에 대한 상관분석 …. 171
〈부표 29〉 기술 집약형 산업과 노동 집약형 산업의 분류 ………………… 172

제1장

서론

1.1 연구의 배경 및 목적

중국은 1978년 개혁개방 이래 체제전환과 함께 경제발전에서 놀라운 성과를 보여 주었다. 이러한 중국의 경제발전에서 외국인직접투자(Foreign Direct Investment : FDI)의 역할은 매우 컸다는 사실은 의심할 여지가 없다.

UNCTAD의 통계에 따르면 2010년을 기준으로 중국은 개발도상국가 중에서 가장 많은 외국인직접투자를 유치하고 있다. 중국 상무부 자료에 의하면 2010년 실제 사용한 외국인투자유치 규모는 1,057.4억 달러였고, 1979년부터 2010년까지 32년간 전국적으로 승인한 외국인투자기업은 총 710,733개, 계약한 외자금액은 22,915.51억 달러이며 실제로사용한 외자금액은 10,988.64억 달러에 달하였다.[1)]

이러한 대규모의 외국인직접투자는 중국 경제사회 발전에 지대한 공헌을 하였다. 즉, 국내 자본부족문제 해결, 무역의 발전 및 무역구조 개

1) 中國商務部, 中國經濟景氣月報, 201101

선, 고용창출, 국가 재정수입 증대에 크게 기여하였다.

특히, 선진 다국적기업들의 대 중국 투자는 생산과 경영기술의 이전, R&D활동 등으로 중국 기술수준을 비약적으로 발전시켰을 뿐만 아니라 내부 경쟁효과를 유발하여 중국 생산성 증대를 통한 경제발전의 견인차 역할을 하였다. 즉, 다국적기업의 모기업으로부터 중국내 자회사로의 기술이전(transfer of technology)뿐만 아니라 중국 현지기업의 경쟁력 향상을 위한 자발적인 기술혁신 참여 등 기술파급(spillover of technology) 과정을 통해 중국은 생산성 향상과 산업구조의 고도화를 달성하였다.

내생적 성장이론(endogenous growth theory)에 의하면 기술진보는 한 국가의 경제성장의 주요 원천이며, 기술수준의 향상은 주로 연구개발 능력과 외부로부터의 기술이전에 의한 습득능력 등에 의존한다. 그중에서도 FDI에 의한 선진국에서 개발도상국으로의 기술파급효과는 개도국들의 공업기술 수준을 향상시키고, 산업화를 촉진하는 중요한 수단이 되고 있으며 또한 선진국과의 기술격차를 단축시킨다고 주장되고 있다(Lall,1985).

기존의 많은 연구들은 외국인직접투자가 현지국 기술파급효과에 대해 긍정적인 영향을 미치고 있다고 주장하고 있지만, 반대로 선진기술과 관리경험을 소유하고 있는 선진 다국적기업이 현지기업과의 경쟁에서 승리하여 현지기업을 퇴출시키거나 현지기업의 우수한 인재를 스카우트(brain-drain 현상) 하거나 현지의 희소자원을 점유함으로써 기술파급에 부정적인 영향을 미친다는 주장도 제기되고 있다.

또한 외국인직접투자에 의한 기술파급 효과는 투자기업과 현지기업의 기술격차, 투자원천국의 이질성, 현지국의 기술습득 능력, 투자기업과 현지기업의 경쟁관계 그리고 현지의 인적자본 축적 및 현지 R&D활동 등에 영향을 받는 것으로 알려지고 있다.

본 연구에서는 경제발전의 원동력이 되고 있는 외국인직접투자의 기술이전과 기술파급효과에 대한 관심이 높아지고 있는 시점에서 중국에 대한 외국인직접투자에 의한 기술파급효과가 어떠한 경로를 통해 나타나는지, 또한 경로에 따른 효과의 차이점을 분석하고자 하는데 연구의 목적이 있다.

이러한 연구 목적에 따라 중국 국내기업과 외국인투자기업이 상호작용하는 패널 연립방정식을 이용한 2SLS 시스템 분석방법과 정 · 동태적 패널분석방법을 통해 외국인직접투자기업에 의한 중국내 기술파급효과에 대해 실증분석을 행하고자 한다.

기존 대다수의 중국에 대한 외국인직접투자의 기술파급효과에 관한 연구에서는 단순한 OLS 기법과 패널분석이 주를 이루고 있으나 본 연구는 패널연립방정식 모형과 정 · 동태적 패널분석모형을 이용하여 분석하였다는 데 연구의 차별성이 있고, 또한 외국직접투자의 이질성 효과를 살펴보기 위해 투자 원천투자국별 기술파급효과, 기업유형별과 산업형태별에 따른 중국내 외국인직접투자의 기술파급효과를 살펴보았다는 데 연구의 의의가 있다.

1.2 연구의 대상 및 방법

본 책은 중국 국내기업과 외국인투자기업을 대상으로 외국인직접투자에 의한 국내기업으로의 기술파급, 국내기업에 의한 외국인투자기업으로의 기술파급에 미치는 영향을 분석하고 있다. 다음으로 중국의 72개 산업[2)]을 대상으로 외국인직접투자가 중국 국내기업의 산업 내와 산업 간 기술파급효과(전방효과와 후방효과)에 미치는 영향을 분석하고자 한다.

또한 외국인직접투자가 다양한 경로를 통해 동일 혹은 다른 산업(지역)의 기업들에게는 어떤 기술파급효과를 유발하는지 실증분석을 통해 분석하고자 한다.

이를 위해 첫째, 중국을 동부지역, 중부지역, 서부지역으로 구분하여 지역별로 국내기업과 외국인투자기업을 대상으로 외국인직접투자에 의한 국내기업으로의 기술파급효과, 국내기업에 의한 외국인투자기업으로의 기술파급효과에 대해 분석하고, 원천투자국별로는 홍콩, 마카오와 대만 및 기타 국가의 투자기업으로 구분하여 기술파급효과를 추정하고자 한다.

둘째, 중국의 72개 산업을 대상으로 외국인직접투자가 중국 국내기업의 산업 내와 산업간 기술파급효과(전방효과와 후방효과)에 미치는 영향을 분석하고, 기업 유형별로 국유기업과 비국유기업으로 구분하고, 산업형태별로 노동집약형 산업과 기술 집약형 산업으로 구분하고, 원천투자국별로 홍콩, 마카오와 대만 및 기타 국가의 투자기업으로 구분하여서도 기술파급효과를 추정한다.

그리고 중국내 지역별 외국인직접투자의 기술파급효과를 분석하기 위하여 국내기업과 외국인투자기업 상호의존적 패널 연립방정식 체계를 구축하고 2SLS(Two-stage least squares)의 분석방법을 사용하였다.

다음으로 중국내 외국인직접투자의 산업 내 기술파급효과와 산업 간 기술파급효과(전방효과와 후방효과)를 분석하기 위하여 정태적 패널모형(static panel mode)과 동태적 패널모형(dynamic panel model)을 이용하였다.

---

2) 중국에서는 산업분류를 2자리코드, 3자리코드, 4자리코드로 분류하고 있는데 본 분석에서는 3자리코드에 의한 72개 산업을 이용하였다.

1.3 책의 구성

본 책은 제1장에서 연구의 배경 및 목적, 그리고 연구의 대상 및 연구방법 등에 대해 간략하게 소개하고, 제2장에서는 외국인직접투자에 의한 기술파급의 개념 및 특징을 소개하고, 외국인직접투자에 의한 기술파급의 다섯 가지 경로(현지자회사에 고용된 현지인을 통한 확산, 기업 간 네트워크 및 전·후방연관효과, 현지에서의 R&D활동을 통한 확산, 직접효과, 전시효과(展示效果)와 경쟁효과)를 언급하였다. 제3장에서는 지역별 외국인직접투자의 기술파급효과에 관한 선행연구와 산업별 외국인직접투자의 기술파급효과에 관한 선행연구에 대하여 체계적으로 정리하였다.

제4장에서는 중국에 대한 외국인직접투자의 현황과 기술지표를 살펴보았다. 즉, 중국의 외국인직접투자의 유입추이를 연도별, 업종별, 지역별, 원천투자국별, 산업별, 형태별 현황을 정리하였다. 기술지표는 공업부가치현황 등을 살펴보았다.

제5장에서는 실증분석에 사용된 자료와 출처, 변수 설명 등을 밝힌 후 패널 연립방정식, 정태적 패널모형과 동태적 패널모형을 통한 연구방법론과 외국인직접투자의 기술파급효과에 대한 실증분석 결과를 정리하였다.

끝으로 제6장 결론에서는 이상의 연구결과를 요약 정리하고, 본 연구의 한계와 향후의 연구 과제를 제시하였다.

제2장

FDI에 의한 기술파급 경로

2.1 FDI에 의한 기술파급의 개념

외국인직접투자에 의한 국제적인 기술파급은 단순히 모기업의 해외 자사회에 대한 기업 내 기술파급(Technology spillover)만을 의미하는 것은 아니다. 즉, 국제적인 기술이전을 '기술우위 국이 개발한 기술이 계획적 · 합리적 과정을 통하여 국제간에 이전되어 기술저위국의 국민산업기구(National Industrial System)에 흡수됨으로서 경제적으로 유용하게 이용되는 것'[3]이라고 정의한다면 '기업내 기술이전'뿐만 아니고 '기술확산(technology diffusion)'과정을 통해 현지국의 국민경제기구에 효율적으로 흡수되어 산업발전이나 생산성 향상에 유용하게 이용될 수 있는 과정까지를 의미한다. 이러한 과정을 나타내면 다음의 [그림 2-1]과 같다.

3) 안세영, 다국적기업 경제학, 박영사, 1998, p.179

[그림 2-1] FDI에 의한 기술파급

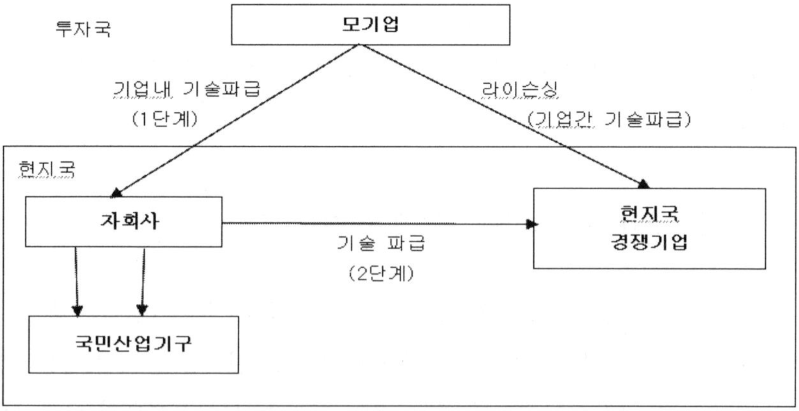

자료: 왕윤종, 외국인직접투자의 기술이전효과에 관한 연구, KIEP, 정책연구 94-7, 1994. p.16

외국인직접투자에 의한 기술이전은 2단계를 거친다. 첫 번째 단계는 외국의 모기업이 현지에 설립한 자회사에 기업내부거래의 형태로 기술을 제공하는 것으로 기술을 도입하는 주체가 외국기업의 자회사이므로 이 단계에서는 국내기업으로의 기술이전은 발생하지 않는다.

두 번째 단계는 자회사로부터 국민경제기구로의 전후방 파급효과에 의해 기술 확산이 이루어지는 단계로 외국인직접투자에 의한 실질적인 기술이전 효과가 발생하는 단계이다.

이와 같이 외국인직접투자에 의한 기술이전은 2단계를 거치면서 국민경제기구로의 확산이 이루어지기 때문에 외국기업으로부터 기술을 직접 수입하는 것보다 효율적이다.

2.2 FDI에 의한 기술파급 경로

외국인직접투자에 의한 현지국으로의 기술 파급 경로는 대체로 다음과 같은 다섯 가지 형태로 분류된다.

1) 현지자회사에 고용된 현지인을 통한 기술파급

외국인 투자기업이 고용한 현지 노동력의 학습 작용을 통해 노동력에 체화된 형태로 기술과 지식의 이전이 발생한다. 현지 노동력이 생산과정 참여에서 유발되는 학습효과 및 외국인 투자기업이 경쟁우위 확보차원에서 실시하는 현지 노동력 대상의 각종 교육훈련 및 기술연수 프로그램은 인력에 체화된 기술이전의 주요한 경로가 된다.

이러한 방법으로 기술을 습득한 현지근로자가 국내기업으로 이직하여 근로자 본인에게 체화된 기술을 전파함으로써 자연스럽게 기술의 확산을 가져올 수 있다.

그러나 다국적기업의 모기업에 의해 현지자회사에게 이전시키는 기술이 고급숙련노동력을 필요로 하지 않는 경우 현지자회사에 고용된 현지인을 통한 기술 확산 효과는 크게 기대할 수 없으며 단순한 고용효과만이 나타나게 된다. 특이 이러한 경우는 현지에 단순조립공장(screw driver factory)을 설립하여 핵심적인 기술부품을 본국에서 수입하여 조립하는 경우가 해당된다.

또한 현지고용을 통한 기술 확산은 다음과 같은 요인으로 인하여 제약을 받기도 한다. 다국적기업의 모기업이 설령 현지자회사에 핵심기술을 이전한다고 해도 현지고용인의 핵심기술에 대한 접근은 상대적으로 제한하는 경향이 있다. 더구나 지적재산권의 보호차원에서 영업비밀의 보호가 강화되고 있는 추세이므로 핵심기술에 접근 가능한 훈련기술자가 전직을 할 경우에도 기술이전은 법적 보호의 테두리 안에서 이루어져야 하기 때문에 매우 제한적일 수밖에 없다. 또한 현지자회사가 현지국 경쟁기업보다 유리한 보수조건을 제시하는 경우가 많기 때문에 오히려 현지국 경쟁기업으로부터 고급기술 인력이 유출(brain-drain 현상)될 가능성도 있으며, 현지고용인의 현지국 경쟁기업으로의 이직률이 낮은 경우 기대했던 기술 확산효과는 나타나지 않는다.[4]

2) 기업 간 네트워크 및 전 · 후방연관효과

기업 간 네트워크 및 전 · 후방산업 연계를 통해서도 기술파급효과가 나타날 수 있다. 외국인 투자기업에 부품이나 설비를 공급하는 현지 기업들이 기술지원을 받는 형태의 후방 연계효과와 외국인 투자기업이 생산한 중간재를 국내 기업들이 완제품 생산에 사용함으로써 기술향상을 꾀하는 전방 연계효과가 나타나게 된다.

다국적기업의 현지자회사는 모국으로부터 원자재나 부품을 어느 정도 공급받기도 하지만 대부분의 경우 현지국의 하청기업으로부터 부품, 용역 등을 공급받게 됨에 따라 외국인 투자기업과 현지국 하청기업 간에는 네트워크가 형성된다. 따라서 현지국의 입장에서 볼 때 외국인 투자기업의 진출은 새로운 중간재 수요를 창출하게 되고, 가끔은 수요를 견인하는 기술개발이 장려되기도 한다.

또한 현지자회사의 입장에서도 부품 등 중간재의 적절한 공급 없이는 직접투자를 통한 현지 생산활동이 원활히 전개될 수 없기 때문에 하청관

4) 왕윤종, 『외국인직접투자의 기술이전효과에 관한 연구』, KIEP, 정책연구 94-7, 1994. pp.24-25 내용을 요약했음.

계가 형성된 후방관련기업들에게 기술 지도를 포함한 다양한 경영지원을 하게 된다. 따라서 이와 같은 외국인 투자기업과 현지국 하청기업간에 형성된 네트워크를 통하여 현지기업은 생산성향상을 위한 기술이전이 이루어질 수 있다.

한편, 외국인 투자기업은 현지국 경쟁기업과 경쟁관계를 형성하기도 하지만 때로는 시장개척의 수단으로서 핵심기술이 아닌 하위기술의 이전을 적극적으로 모색하는 경우도 있다. 이러한 경우 현지자회사는 현지기업과의 경쟁을 유발하지 않고 보완적 관계를 형성하게 된다.

즉, 다국적기업은 핵심기술을 철저히 배타적으로 보호하면서도 한편으로는 현지국 경쟁기업에게 기술 수명주기상 쇠퇴기에 있는 사양기술에 해당하는 기술을 라이슨싱을 통하여 임대하거나 OEM방식을 통하여 이전하게 된다. 이러한 경우에는 현지국으로의 핵심적인 기술의 확산이 이루어지지 않아 투자국과 현지국의 기술격차는 줄어들지 않게 된다. 다만 현지국기업과 투자기업 사이에 기술적 분업체계가 더욱 강화된다.

외국인 투자기업과 현지국 경쟁기업간의 지리적 인접성 또한 기술 확산에 미치는 효과도 매우 크다. 기술에 관한 지식과 정보가 공공의 영역(public domain)으로 확산되는 과정에서 최근 운송 및 정보통신의 발달로 지리적 인접성의 중요성은 감소하고 있지만, 기술에 관한 지식과 정보를 확산시키는 매개체가 대부분의 경우에 있어서 전문기술자라는 점을 고려할 때, 지리적 인접성 또한 무시할 수 없는 요인이다.[5]

3) 현지에서의 R&D활동을 통한 기술파급

외국인 투자기업의 현지 R&D활동은 기술확산에 가장 직접적인 영향

---

5) 왕윤종, op.cit., pp.26-27 내용을 요약했음.

을 미치고 그 효과 또한 매우 크다. 최근 선진국계 다국적기업의 경우를 보면 현지에서 자회사 독자적인 R&D활동이 활성화되고 있다. 즉, 현지에 기술개발연구소를 설립하여 본국의 모기업과 유기적인 정보망을 형성하거나, 혹은 독자적인 연구개발체제를 형성하고 있다.

이러한 이유로는 범위의 경제의 중요성이 높아가고 있고, 제품의 수명주기가 급격이 짧아짐에 따라, 본국의 모기업으로부터 이전 받는 기술만으로는 고객의 민감한 변화를 따라갈 수 없게 되면서 기술개발에 있어서 현지화의 중요성이 증가하고 있기 때문이다.

또한 신흥공업국에 진출한 선진국계 다국적기업들도 점차 현지자회사에 의한 R&D투자를 확대해 가고 있다. 이러한 이유는 현지시장의 잠재적 시장성이 중요시되고 현지시장의 여건에 맞는 제품개발의 필요성이 증대되었기 때문이다.

이렇게 현지국에서 R&D활동을 하게 되면 모국으로부터 고급 연구 인력이 유입되기도 하지만 대부분의 경우 현지 연구 인력을 고용하게 된다. 이러한 경우 연구 개발활동에 참여하는 현지의 연구 인력은 연구개발의 결과를 직접적으로 습득할 수 있고 연구 인력에 체화된 기술이 현지국 시장으로 확산되게 된다.[6]

4) 직접효과

지역적으로 가까운 거리에 있는 현지 기업들이 외국인 투자기업으로부터 이득을 얻는 이유는 첫째, 외국인 투자기업이 현지의 공급자와 유통업자간의 직접적인 접촉, 즉 연관효과는 운송비용을 줄이고 이들 간 대화를 촉진하며 이 같은 현상은 지역적으로 근접한 경우에 활발히 일어난다.

---

6) 왕윤종, op.cit.. pp.27-28 내용을 요약했음.

둘째, 외국인투자 기업에 의한 근로자의 훈련과 이에 따른 근로자의 이동은 생산성 파급의 또 다른 경로이다. 원거리 지역 간의 노동이동이 지극히 낮기 때문에, 외국인 투자기업의 암묵지(Tacit Knowledge)를 갖고 있는 숙련 근로자로부터 얻을 수 있는 이득의 많은 부분을 지역 내 근로자가 경험할 수 있게 된다.

셋째, 기업들이 같은 지역에서 다른 기업을 관찰하고 모방하면서 기술 파급 효과가 나타날 수도 있다.

넷째, 새로운 아이디어의 확산은 혁신이 일어난 지역과 가까운 지역에서 많이 발생하게 된다. 이러한 이유 때문에 생산성 파급효과는 지리적으로 가까운 거리에 있는 기업 간에 발생하게 된다.

한편으로 특정지역이 외국인투자유치를 위해 많은 인센티브를 제공하는 것이 생산성 파급효과와 어떤 관련성을 갖는지에 대한 문제이다. 다국적기업이 단지보조금을 받기 위해 개발이 덜된 낙후지역에 위치하는 경우, 이 지역의 현지기업은 다국적기업으로부터 이득을 얻을 기술적인 능력을 갖추고 있지 않기 때문에 생산성 파급효과는 감소될 수도 있다.

생산성 확산효과는 지역의 인센티브 유무에 따라 선택하는 것보다는 지역 그 자체가 주는 이점에 입각해 기업입지를 선택하는 경우에 극대화될 수 있다. 이것은 생산성 파급효과가 보조금과 같은 인센티브가 많이 제공되는 지역에서 낮아질 가능성이 있음을 보여주는 것이다. 실제로 Girma and Wakelin(2000)은 영국에 대한 실증분석에서 보조받은 지역이 아닌 지역 내 산업에서 외국인 투자기업으로부터 많은 생산성 파급효과가 발생하였다는 증거를 제시하고 있다. 지역인센티브 제공을 통한 외국인 투자의 유치는 실질적으로 생산성 파급효과의 수준을 감소시킬 수 있다.[7)]

7) 이병기, 『외국인 직접투자의 생산성 파급효과 분석』, 한국경제연구원, 2002, pp.15-16 내용을 요약했음.

5) 전시효과와 경쟁효과

외국인직접투자의 展示效果(demonstration effect)에 대한 사례연구에 의하면 전시는 생산성파급의 중요한 경로임을 알 수 있다. Riedel(1975)은 1960년대에 홍콩 제조업 수출에서 외국인 투자기업으로부터의 전시효과가 중요했다고 지적하였다. Mansfield and Romeo(1980)은 다국적기업의 자회사에게 이전되는 기술은 다른 기업에게 판매되는 기술보다 신규이며, 다국적기업의 자회사가 기술을 수입하는 경우 현지경쟁자는 그 기술을 모방하기도 한다. 이 예는 전시효과가 생산성의 파급을 가져오는 중요한 통로임을 말해준다.

그러나 전시효과가 얼마나 중요한지, 전시효과가 어떤 나라나 산업에서는 중요하지만 다른 국가나 산업에서는 덜 중요할 수도 있는데 이를 뒷받침하는 논거는 잘 알려져 있지 않다. 그 이유는 전시효과가 무의식적으로 발생하기 때문이다. 기업이 채택하는 새로운 제품이나 기술을 어디에서 어떻게 배웠는지에 대해 거의 알려지지도 않고 문서화되는 경우도 많지 않다. 또 다른 이유는 전시효과가 경쟁과 관련되어 있기 때문이다. 즉 국내기업은 다국적기업과 경쟁하기 위해 다국적기업의 행위를 모방하려고 하기 때문이다. 일부 연구는 전시효과와 경쟁이 복합적으로 상호작용을 통해 생산성 효과를 발생시킨다고 보고하고 있다.

개념적으로 이러한 경쟁효과는 매우 중요한데, 이는 높은 진입장벽 때문에 국내경쟁자의 진입이 어려운 산업과 국내기업 간의 경쟁이 제한적인 산업에 다국적기업이 진입할 가능성이 크기 때문이다. 실제적으로 모방 또는 새로운 기술의 채택에 관해서 전시효과와 경쟁효과를 구분하는 것은 어렵다.

그러나 선진국 국내기업은 경쟁에 효과적으로 대응할 능력이 있는 반면에 개도국 기업은 경쟁력이 취약하여 생산성 향상효과를 충분히 누리지 못할 가능성도 있는데, 국내기업 간의 제휴 또는 외국기업과의 합작 등을 통해 경쟁력을 향상시킬 수 있다.[8)]

[표 2-1] FDI에 의한 기술파급효과의 유형분류

<table>
<tr><th>기술파급
효과경로</th><th>기술파급효과의 유형</th><th>예상부호</th></tr>
<tr><td colspan="3">산업내 효과</td></tr>
<tr><td rowspan="2">전시효과</td><td>- 외국인직접투자 제품과 생산 공정의 모방
- 새로운 기술의 라이선싱</td><td>+</td></tr>
<tr><td>- 기술적 보완성의 부족으로 인한 신기술흡수의 어려움</td><td>-</td></tr>
<tr><td rowspan="2">경쟁효과</td><td>- 진입위협에 대처하기 위해 비효율성 및 비용축소</td><td>+</td></tr>
<tr><td>- FDI시장점유율이 국내기업의 수요축소</td><td>-</td></tr>
<tr><td rowspan="2">노동시장</td><td>- 보다 능력 있는 인적자원을 가진 FDI훈련근로자의 고용</td><td>+</td></tr>
<tr><td>- 국내기업은 현재능력과 FDI훈련근로자의 인적자산을 일치시키지 못함</td><td>-</td></tr>
<tr><td colspan="3">산업간 효과</td></tr>
<tr><td rowspan="2">전방효과</td><td>- FDI가 요구하는 제품비용의 절감과 품질향상을 위한 기술이전</td><td>+</td></tr>
<tr><td>- 신기술 및 기업관행 흡수의 어려움
- 비효율적인 국내기업의 구축발생</td><td>-</td></tr>
<tr><td rowspan="2">후방효과</td><td>- 품질이 개선된 중간재의 구입
- 자신의 제품의 기술적인 업그레이드</td><td>+</td></tr>
<tr><td>- 신제품/기술흡수곤란
- 국내공급자의 비용 상승</td><td>-</td></tr>
<tr><td colspan="3">직접효과</td></tr>
<tr><td rowspan="2">노동시장</td><td>- 현지노동시장이 이용할 수 있는 FDI훈련 근로자 풀
- 기업가적인 활동, 즉 신규기업설립의 증가</td><td>+</td></tr>
<tr><td>- FDI에 보다 좋은 근로자 진입
- 노동비용의 상승압력</td><td>-</td></tr>
<tr><td rowspan="2">인프라</td><td>- 광범위한 비즈니스서비스 접근권
- 동일 지역 내 산업 간. 산업 내 효과
- 물류비용의 감축</td><td>+</td></tr>
<tr><td>- 비용지원, 혼잡
- 현지자원에 대한 FDI필요로 인한 구축효과</td><td>-</td></tr>
</table>

자료: Harris and Robinson(2001)와 이병기(2002)의 자료를 재정리

8) 이병기, op.cit.. pp.14 내용을 요약했음.

제3장

기존 문헌연구

3.1 기술파급효과에 관한 문헌연구

3.1.1 기술파급경로에 따른 기술파급효과에 관한 선행연구

1) 전시 및 경쟁효과를 통한 기술파급효과에 관한 선행연구

Blomstrom(1986)은 1970년부터 1975년까지 멕시코 제조업 자료를 이용하여 분석한 결과 외국인직접투자의 기술파급효과의 존재를 인정 하였다. 그러나 기술파급효과의 중요한 요인은 외국인직접투자로 인해 자발적으로 발생하는 것이 아니라 다국적 기업과 현지 기업간의 치열한 경쟁을 통하여 현지기업의 생산효율이 향상됨으로써 나타난다고 결론을 내리고 있다.

Cantwell(1989)은 1955년부터 1982년까지 기간 동안 미국 다국적기업의 유럽에 대한 투자와 기술 파급효과에 대한 분석에서 외국인투자기업과 현지기업간의 경쟁관계에서 시장점유율에 초점을 두고 외국인직접투자의 기술파급효과를 분석하였다. 분석결과 전통적으로 기술적 우위가 있는 산업은 미국 다국적기업의 진입으로 경쟁을 자극하여 기술파급효과에 긍정적으로 작용하였지만, 기타 산업의 현지 기업들은 시장에서 퇴출되었음을 밝히고 있다. 이러한 결과로부터 외국인직접투자의 기술파급효과는 전체 산업에서 발생하는 것이 아니라 주로 기술격차가 작은 산업에서 발생하며 기술격차가 큰 상황 하에서 대규모 다국적기업의 진입은 기술격차를 감소시킬 수 없을 뿐만 아니라 현지국의 기술발전을 저해할 수 있다고 지적하였다.

Girma et. al.,(2001)의 연구는 1991년부터 1996년까지 기간 동안 영국 제조업의 기업 패널자료를 이용한 노동생산성 모형을 통해 외국인직접투자의 기술파급효과에 대하여 분석 하였다. 분석결과 기술파급효과가 나타나고 있다는 명확한 증거를 찾지 못하였지만 일부 경쟁이 큰 산업에서는 정의 파급효과가 나타나고 있으며 현지기업과 다국적 기업 사이의 기술격차가 클수록 파급효과는 더욱 작다는 결론을 내렸다.

2) 노동이동에 통한 기술파급효과에 관한 선행연구

외국인직접투자에 의한 현지 자회사에 고용된 현지 인력이 생산 및 경영활동에 직접 참여함으로써 학습 또는 직업훈련 등으로 현지 자회사가 보유한 생산기술이나 경영노하우를 습득하게 된다. 이러한 방법으로 기술을 습득한 현지근로자가 국내기업으로 이직하여 근로자 본인에게 체화된 기술을 전파함으로써 자연스럽게 기술의 확산을 가져올 수 있다.

Irving Gershenberg(1987)은 케냐에서 외국계 다국적기업의 경영 활동에 대한 조사에서 외국계 다국적기업은 현지의 사기업보다 현지 경영자에게 많은 훈련을 제공하였으며, 국내기업이 고용한 경영자보다도 다국적기업이 고용한 경영자의 경우에 노동이동이 낮았다고 밝혔다.

Blomstrom & Kokko(1998)은 다국적기업경영활동의 파급효과에 대하여 분석하는 데 기술이나 숙련된 인적자본의 확산에 있어서 중요한 요소는 다국적기업에 의한 연구개발 노력과 관련된다고 지적하였다. 다국적기업은 연구개발 노력이 자국에 집중되기는 하지만 투자유치국 내에서도 연구개발 활동을 한다. 이러한 다국적기업의 연구개발 노력은 기술파급에 매우 중요한 역할을 한다고 지적하였다.

3) 기술 습득능력에 따른 기술파급효과에 관한 선행연구

Barrios(2000)는 1990년부터 1994년까지 기간 동안 스페인 제조업분야 1,400여 개 기업에 관한 패널 자료를 이용하여 외국인직접투자가 현지기업의 생산성 향상에 미치는 영향을 분석하였다. 분석결과 매출액 대비 R&D지출이 높은 기업은 외국인직접투자에 따른 기술파급에 어떤 이익도 얻지 못했다. 그리고 매출액 대비 R&D 지출이 낮은 부분, 즉 섬유, 가죽, 식품과 같은 스페인 경제의 전통적인 부문에 있는 기업은 외국인직접투자와 총요소생산성이 부(-)의 상관관계가 있음을 밝히고 있다. 직접투자에 따른 기술파급 효과는 집적경제(agglomeration economy)를 이룬 다국적기업의 자회사들이 주로 누리고 있다고 지적하였다.

Driffield(2001)는 1989년부터 1992년까지 영국 제조업 패널자료를 이용하여 다국적기업의 투자와 생산규모 및 R&D활동의 기술파급효과에 대해 분석 하였다. 분석결과 투자와 생산규모 및 R&D활동의 기술파급효과 흔적은 찾지 못하였지만 현지기업의 생산 성장속도는 다국적기업의 자회사 보다 빠르다는 결론을 내렸다. 이는 다국적기업의 현지 투자기업의 생산력 수준의 향상에 기여하고 있음을 의미한다고 지적하였다.

Yasuyuki et al.,(2006)의 연구는 1995년부터 2002년까지 기간 동안 일본 제조업의 기업자료(노동자가 50명 이상인 기업)를 이용하여 외국인 직접투자의 기술파급효과 발생 여부에 대하여 분석하였는데 결과는 다음과 같다. 첫째, 외국인투자기업의 R&D 규모와 현지국 기업의 생산성 간에는 정의 상관관계가 나타나지만 외국인투자기업의 누적자본규모는 현지국 기업의 생산성에 대하여 영향을 미치지 않는다. 둘째, 같은 산업에서 외국인투자기업의 R&D규모는 현지국 기업의 R&D규모 보다 기업의 총생산력에 대한 영향이 더 컸다. 이러한 이유는 외국인투자기업의 기술수준이 현지국 기업의 기술수준보다 높기 때문이라고 지적하였다. 셋째, 현지국 기업과 외국인투자기업간 기술격차가 감소됨에 따라 기술파급효과도 감소되며 현지국 기업의 R&D규모의 증가에 따라 기술파급효과도 향상된다. 이러한 결과로부터 외국인직접투자의 기술파급효과 크기는 현지국 기업의 습득능력에 의해 결정된다는 것을 알 수 있다.

4) 기술격차에 의한 기술파급효과에 관한 선행연구

Findlay(1978)의 연구는 투자국과 현지국 사이의 기술격차가 클수록 외국인직접투자에 의한 기술파급 효과가 크고, 투자규모가 클수록 기술파급 속도도 빠르다는 것을 이론적으로 증명하고 투자기업의 선진 기술과 관리경험이 현지국 기업으로의 "전염효과"를 발생하여 현지국은 경제적 혜택을 보게 된다고 결론을 내리고 있다.

Kokko(1994)는 1970년 멕시코의 216개 제조업 횡단면자료를 이용하여 외국인직접투자의 기술파급효과에 대하여 분석하였다. 분석에서 종속변수인 국내기업의 1인당 노동생산성변수와 현지기업과 외국기업의 기술격차에 외국인직접투자를 곱한 변수(FDI × Tech Gap) 사이에 통계적으로 유의한 부의 상관관계가 있어 기술격차가 클수록 기술파급효과에는 부정적인 영향이 발생한다는 것을 밝히고 있다. 외국인투자기업과 현지 기업 사이의 기술격차가 작을 때에만 외국인직접투자에 따른 기술파급효과가 나타난다는 것을 발견하였다. 즉, 외국인투자기업과 현지기업의 기술격차가 너무 크면 현지기업은 선진기술을 습득하기 힘들다는 것이다.

5) FDI의 이질성에 따른 기술파급효과에 관한 선행연구

Hu & Jefferson(2002)의 연구는 중국 전자산업과 방직산업의 자료를 이용하여 홍콩, 마카오, 대만의 투자와 OECD회원국의 투자가 중국으로의 기술파급효과를 분석한 결과 OECD회원국의 투자는 현지국 기업의 생산성에 부정적인 효과를 발생하고 있다는 결론을 내렸다. 이러한 이유로 OECD회원국 기업이 높은 기술수준과 시장에서의 경쟁이 치열하기 때문이라고 지적하고 있다.

이병기(2002)는 1997년부터 2000년까지의 한국 기업패널자료를 이용하여 제조업을 대상으로 외국인직접투자 비중이 생산성에 미치는 영향에 대하여 분석하였다. 첫째, 산업내 외국인투자의 비중이 높은 산업에서 기술이전을 통한 생산성 파급효과가 크다는 것을 나타낸다. 둘째, 외국인의 지분참여가 많은 기업의 생산성 개선효과가 큰 것으로 나타나고 있다. 이것은 외국인투자자의 지분참여로 당해기업의 생산성이 향상되었다는 것을 나타낸다. 셋째, 지역 내 외국인투자 비중이 당해 지역 내 기업의 생산성에 부의 효과를 미친다. 넷째, 외국인투자자가 다수지분을 보유하고 있는 기업의 생산성 파급효과가 큰 것으로 나타난다. 다섯째,

미국국적의 외국인직접투자의 생산성 파급효과는 통계적으로 매우 유의한 양(+)으로 분석되는 반면에 일본국적의 외국인직접투자는 통계적으로 유의한 부(-)의 상관관계가 나타나고 있다. 여섯째, 기업규모가 클수록 생산성 파급이 많이 나타난다는 결과를 제시하고 있다.

Javorcik, Saggl & Spatareanu(2004)의 연구는 루마니아에 대한 외국인직접투자에 대하여 아메리카, 아시아, 유럽 등 3개 투자원천국가별로 나누어 기술파급효과를 분석하였다. 분석결과 유럽의 투자와 루마니아의 상위기업의 생산성은 부의 상관관계였지만 아메리카와 아시아의 투자와 현지국 상위기업의 생산성은 정의 상관관계가 있다는 것을 발견하였다.

이러한 이유는 선진 서유럽계 기업의 기술수준은 높아 루마니아에서 습득하기에 어려움이 많고 아프리카와 아시아계기업의 기술수준은 중위의 기술로서 루마니아가 기술습득하게 유리하기 때문으로 판단된다.

6) 전 · 후방효과를 통한 기술파급효과에 관한 선행연구

Schoors, K. and B. van der Tol (2002)은 1997년부터 1998년까지 기간 동안 헝가리 기업 횡단면 자료를 이용하여 외국인직접투자의 기술파급효과에 대하여 실증 분석하였다. 분석한 결과에 따르면 외국인직접투자에 의한 산업 내 기술파급효과가 통계적으로 유의하고 정(+)의 상관관계가 나타났으며, 산업 간 기술파급효과에는 후방효과가 통계적으로 유의하고 정(+)의 상관관계가 나타났고 전방효과는 통계적으로 유의하고 부(-)의 상관관계가 나타나고 있음을 발견하였다.

연태훈(2003)은 1991년부터 2000년까지 한국제조업 기업체(증권거래소 상장기업, 코스닥 등록기업 및 외부감사기업)를 대상으로 외국인 직접투자가 동일한 산업 내 타 기업들의 생산성 향상을 유발하는가의 여부에 대해 실증분석을 하였다. 분석한 결과 외국인직접투자기업의 생산성이 국내기업보다 높다는 결과를 얻었으며, 산업 내 기술파급효과와 후방파급효과에서 통계적으로 유의하고 정(+)의 상관관계를 나타내었고, 전방파급효과에서는 유의한 결과를 얻지 못하였다.

Girma(2004)는 1992년부터 1999년까지 기간 동안 영국 기업 패널데이터를 이용하여 외국인직접투자의 기술파급효과에 대하여 분석하였다. 분석 결과 수출지향형 외국인직접투자에 의한 산업 간 기술파급효과는 통계적으로 유의하고 정(+)의 상관관계가 나타났으며, 현지시장지향형 외국인직접투자에 의한 전방효과가 통계적으로 유의하고 정(+)의 상관관계를 나타냈고, 후방효과는 통계적으로 유의하고 부(-)의 상관관계를 나타내고 있음을 밝혔다.

Kim & Kim(2010)는 1990년부터 2008년까지 기간 동안 한국 업종별 패널자료를 이용하여 한국내 외국인직접투자의 기술파급효과에 대해 분석하였다. 분석은 전체기간(1990−2008)과 최근기간(2001−2008)으로 나누어 분석하고 있는데, 분석결과 전방파급효과는 존재하지 않지만 후방파급효과만 존재하여 산업내 파급효과는 최근 감소하고 있는 것으로 분석되었다. 특히 최근으로 올수록 제조업 및 서비스 부문의 후방파급효과가 모두 증가하고 있으며, 서비스 부문의 후방파급효과가 제조업 부문의 후방파급효과보다 커지는 양상을 보이고 있다고 지적하였다. 이는 최근으로 올수록 서비스 부문에 대한 외국인직접투자 유치가 더 많은 기술적 파급효과를 가져다준다는 의미로 서비스 부문에 대한 외국인직접투자 유치의 중요성을 시사하고 있다.

3.1.2 국가 경제수준에 따른 기술파급효과에 관한 선행연구

1) 선진국에 대한 기술파급효과에 관한 선행연구

외국인직접투자의 기술파급 효과는 MacDougall(1960)의 해외직접투자의 경제적 효과에 관한 이론적 연구에서 처음으로 언급되었다. 그 후 Caves(1974)연구가 해외직접투자의 기술파급효과에 대한 연구가 실증연구의 선구역할을 하였다. Caves(1974)는 캐나다와 오스트레일리아의 1966년 제조업 횡단면 자료를 이용하여 외국인직접투자의 기술파급효과를 분석하였다. 분석결과 캐나다 제조업에서 현지 기업의 이윤율과 산업내의 외국인직접투자 금액 간에는 정의 상관관계, 오스트레일리아 제조업에서 노동생산성과 산업내의 외국인직접투자 금액 간에는 역시 정의 상관관계가 나타나는 것을 발견하였다. 즉, 국내기업의 노동생산성과 외국자본의 참여정도는 통계적으로 유의하고 정의 상관관계가 나타나고 있다는 것을 밝혔다. Globerman(1979)의 연구도 1972년 캐나다 제조업의 횡단면 데이터로 실증분석 결과 같은 결론을 얻었다.

Pottelsberghe & Lichtenberg(2001)는 1971년부터 1990년까지 기간 동안 미국, 일본, 유럽 11개국[9])을 대상으로 한 분석결과 외국인직접투자는 투자유치국 경제의 기술기반을 향상시키는데 기여하지 못하는 것으로 나타났다. 그리고 외국인직접투자는 트로이목마의 성격을 가지는 것으로 나타났다. 즉, 외국인직접투자는 투자국의 기술적 우위를 현지에 파급시키기보다는 현지국의 기술기반을 이용하기 위해서 이루어진다고 지적하고 있다.

---

9) 독일, 프랑스, 이탈리아, 영국, 벨기에, 덴마크, 그리스, 아일랜드, 네덜란드, 포르투칼, 스페인

Haskel, Pereira & Slaughter(2002)는 1973년부터 1992년의 영국 제조업을 대상으로 기업수준의 패널자료를 이용하여 외국인 직접투자의 생산성 파급효과를 분석하였다. 미국과 프랑스의 외국인직접투자는 통계적으로 유의한 정(+)의 기술 확산 효과를 가지며, 독일의 외국인 직접투자는 비유의적인 기술 확산 효과를 갖고, 일본의 외국인 직접투자는 유의한 부(-)의 효과를 갖다는 결과를 얻고 있다. 영국에 대한 미국의 외국인직접투자가 정(+)의 생산성 확산효과를 나타낸다는 분석결과는 미국이 세계적인 기술첨단에 있다는 증거와 일치하는 것이다.

2) 개발도상국에 대한 기술파급효과에 관한 선행연구

Haddad & Harrison(1993)은 1985년부터 1989년까지 기간 동안 모로코 제조업의 기업 패널데이터를 이용하여 대하여 분석하였다. 분석 결과 외국인직접투자기업의 총 요소생산성이 현지국 국내투자기업보다 상대적으로 높은 수준이지만 생산성의 증가율이 낮다는 것을 확인하고 투자유치국 기업의 높은 생산성 증가율은 외국인 투자기업으로부터의 기술확산에 기인하는 것으로 볼 수 없다고 주장하였다.

Aitken & Harrison(1999)의 연구는 콥-더글러스 생산함수모형으로 베네수엘라 1976년부터 1989년까지 제조업의 패널데이터를 이용하여 분석하였다. 분석 결과 외국인직접투자가 국내기업으로의 기술이전을 촉진시켰다는 증거를 발견하지 못하고 있다. 외국인투자 기업에서는 생산성이 향상됨을 확인할 수 있으나 같은 산업의 국내기업에 대해서는 오히려 부정적인 파급효과가 나타났다.

Kugler(2001)는 1974년부터 1998년까지의 콜롬비아 제조업의 산업자료를 대상으로 공적분 분석과 오차수정모형을 이용하여 외국인직접투자기업의 기술파급효과에 대하여 분석하였다. 외국인직접투자기업이 경제활동을 하고 있는 산업 내 보다는 산업간 연관효과를 통해 생산성의 파급효과가 발생할 가능성이 더 크다고 보고 있다. 그에 따르면 외국인소유기업은 그들의 공급자와 구매자에게 기술이전을 촉진할 것이다. 그는 이러한 산업간 생산성 파급효과는 산업내 특유의 현상이라기보다는 산업간의 보다 넓은 범위에서 발생하는 현상으로 인식하고 있다.

3.1.3 분석방법에 따른 기술파급효과에 관한 선행연구

1) 일반OLS 기법을 이용한 기술파급효과에 관한 선행연구

Blomstrom & Persson (1983)의 연구는 1970년에 멕시코의 215개 제조업의 횡단면자료를 이용하여 외국인직접투자의 기술파급효과를 분석하였다. 자본집약도, 규모효과, 노동의 질을 통제하여 외국인투자의 산업별 비중이 현지국 국내기업의 노동생산성에 미치는 효과를 분석한 결과, 외국인 투자기업의 산업별 비중은 양의 생산성 효과를 나타낸다는 결과를 얻었다. 이는 외국인 투자기업으로부터 멕시코 국내기업으로의 기술확산 효과가 있었음을 의미하는 것이다.

BIomstrom & Wolff(1989)는 1965년부터 1984년까지 멕시코 산업의 시계열 데이터를 이용하여 특정산업내 외국인직접투자가 같은 산업부문의 현지국 기업의 노동 생산성에 미치는 효과와 멕시코 공업 생산수준이 미국의 생산성 수준으로 수렴하는 가에 대하여 분석하였다. 분석결과 현지 생산력 수준과 다국적기업 자회사의 생산력 수준사이에는 수렴현상이 존재하며 현지 기업의 생산수준의 상승 속도와 산업내의 외국인직접투자액은 정의 상관관계를 보이므로 외국인직접투자가 기술파급효과에 긍정적인 영향을 미치고 있다고 결론을 내렸다.

2) 패널OLS 기법을 이용한 기술파급효과에 관한 선행연구

Kim & Hwang(2000)은 1974년부터 1996년까지 한국 제조업을 대상으로 산업 패널자료를 이용하여, 산업내 외국인직접투자의 성장률이 당해 산업의 총 요소생산성에 미치는 영향에 대하여 분석하였다. 실증분석 결과에 따르면 정(+)의 상관관계가 나타나지만 통계적으로 유의하지는 않았다.

Liu(2000)등은 1991년부터 1995년까지 기간 동안 영국 제조업의 업종별 패널 자료를 이용하여 산업내 노동생산성을 종속변수로 중국내 외국인직접투자의 기술파급효과를 분석하였다. 영국의 제조업의 경우 외국인직접투자에 의한 기술파급효과가 정의 상관관계가 있고, 기술격차가 작은 산업에서 기술파급효과의 유의수준이 더욱 높다는 것을 발견 하였는데 이는 Kokko의 분석결과와 유사하였다. 이는 기술격차가 작을 때 현지 기업이 비교적 높은 습득능력이 있기 때문이라고 지적하고 있다.

Hubert & Pain(2000)은 1984년부터 1992년까지의 영국 제조업의 패널자료를 이용하여 외국인직접투자의 노동생산성 파급효과를 분석하였다. 외국인 소유기업은 영국 국내기업의 기술향상 수준에 정(+)의 영향을 주었다. 또한 외국인직접투자로 인해 산업 내 뿐만 아니라 산업 간에도 상당한 기술파급효과가 존재하는 것으로 나타났다. 이러한 결과는 수입과 국내 R&D지출처럼 기술진보에 영향을 주는 다른 요인을 고려했을 때에도 확인되었다. 따라서 외국인직접투자는 해외무역보다 훨씬 중요한 기술진보의 원천이 되고 있음을 밝히고 있다.

Keller & Yeaple(2003)은 1987년부터 1997년까지 11년 동안의 미국

제조업의 기업 패널자료를 이용하여 외국인직접투자의 기술파급효과를 분석하였다. 분석결과 외국인직접투자가 미국 국내기업의 생산성 파급효과에 통계적으로 유의하고 정(+)의 상관관계가 나타나는 것을 발견하였다.

Mauro & Sourafel(2008)는 1992년부터 1999년까지 영국 제조업의 기업 패널데이터를 대상으로 외국인직접투자의 산업 내 기술파급효과와 산업 간 파급효과에 대하여 고찰하였다. 분석결과에 따르면 외국인직접투자의 투자원천국의 이질성(異質性)은 외국인직접투자의 기술파급효과의 중요한 영향 요인이며, 수출지향형 외국인직접투자에 의한 산업 내 기술파급효과가 나타났고, 국내시장지향형 외국인직접투자에 의한 산업 간 기술파급효과가 뚜렷이 나타나고 있음을 발견하였다.

3) 연립방정식 기법을 이용한 기술파급효과에 관한 선행연구

Kokko(1996)는 1970년의 멕시코 산업의 횡단면 자료를 이용하여 외국인직접투자의 기술파급효과에 대해 실증분석을 하였다. 현지기업과 외국투자기업의 노동생산성을 각각 종속변수와 독립변수로, 현지기업과 외국투자기업의 자본집약도(K/L), 외국인직접투자의 점유율(FDI), 기업규모(SCALE), 인적자본(LQ)과 연구개발(R&D) 변수로 연립방정식모형을 구축하여 현지기업과 외국인투자기업의 상호작용을 분석하였다. 분석결과 외국인직접투자에 의한 기술파급효과 외에도 현지기업과 외국인투자기업간의 경쟁을 통하여 서로 영향을 줄 수 있다는 것을 밝혔다.

Li, Liu & Parker(2001)는 1995년 중국공업조사 데이터를 이용하여 Kokko(1996)모형을 확장한 연립방정식모형을 구축하였다. 분석결과 중국 국내기업과 외국인투자기업의 노동생산성은 서로 영향을 주며 현지기업의 유형에 따라 외국인직접투자에 의한 기술파급효과도 다르게 나타난다는 것을 밝혔다. 또한 집체(集體)기업과 민영기업들은 전시와 학습효과에서 선진기술을 습득하고, 국유기업은 경쟁효과를 통하여 기술수준을 제고한다고 지적하였다.

3.1.4 연구대상에 따른 기술파급효과에 관한 선행연구

1) 기업대상에 대한 기술파급효과에 관한 선행연구

Perez(1998)의 연구결과는 외국인투자기업과 현지기업 간의 기술격차와 기술파급효과 사이에는 일관된 관계가 존재하지 않고, 임계값 이내에서 기술파급효과는 기술격차가 커짐에 따라 커지지만 기술격차가 임계값을 초과하게 되면 다국적기업의 새로운 기술을 흡수 할 수 없다는 것을 발견하였다. 따라서 기술격차가 커짐에 따라 기술파급효과는 낮아지게 되며 부(-)의 효과가 발생할 수 있다고 밝혔다.

Braconier, Ekholm & Knarvik(2001)는 1978년부터 1994년까지의 스웨덴 84개 기업 217개 기업자료를 이용하여 외국인직접투자의 노동생산성 파급효과를 분석하였다. 외국인직접투자는 R&D파급을 통해 스웨덴 다국적 기업의 노동생산성에 영향을 주지 못하였다. 기업 자신의 R&D지출과 노동대비 자본비율이 노동생산성에 영향을 주는 변수였다. 1980년부터 1994년까지 기간 동안 산업수준의 분석결과 산업 간에 총 요소생산성에 있어서 정(+)의 상관관계가 나타났다. 이러한 이유는 기술지식의 증가, R&D에 대한 정부지출, 노동자들의 기술수준 향상 때문이라고 설명하고 있다.

Damijan etl (2003)는 1994년부터 1998년까지 기간 동안 경제 체제를

전환한 8개 국가(볼가리아, 체코, 에스토니아 , 헝가리, 폴란드, 루마니아, 슬로바키아)의 제조업 기업 패널데이터를 이용하여 외국인직접투자의 기술파급효과를 분석하였다. 현지기업의 습득능력을 분석한 결과에 따르면 루마니아의 경우는 긍정적인 기술파급효과가 나타났고, 체코와 폴란드에는 부정적인 기술파급효과가 나타났으며 기타 국가들에서는 기술파급효과가 나타나지 않았다는 것을 발견하였다.

2) 산업대상에 대한 기술파급효과에 관한 선행연구

최인범과 현정택(1991)은 콥-더글라스 생산함수를 추정하여 1967년부터 1988년 기간 동안 한국과 대만의 제조업을 업종별[10]로 분류하고 외국인직접투자에 따른 기술파급이 총생산성에 미치는 영향을 분석한 결과 외국인직접투자는 총생산성에 긍정적인 영향을 주는 것을 나타났다. 산업별 회귀분석의 경우 한국은 3개 산업[11]에서, 대만은 5개 산업[12]에서 외국인직접투자의 총생산성에 대한 탄력성을 나타내는 추정계수가 통계적 유의성이 있는 정(+)의 관계를 나타내었다. 한국의 경우 외국인직접투자의 총생산성 효과가 산업별로는 단지 3개 산업에서 나타나고 있음에도 불구하고 제조업 전체의 총 요소생산성이 외국인직접투자와 정(+)의 관계를 가졌다. 따라서 외국인직접투자에 따른 기술파급이 산업 내 뿐만 아니라 산업 간에도 일어남을 시사하고 있다.

---

10) 식품, 섬유 및 의류, 제지, 정유, 화학, 요업, 제약, 금속, 기계, 전기 및 전자기기, 운송기기, 기타 제조업으로 분류하였다.

11) 섬유 및 의류, 화공, 전기 및 전자기기

12) 식품. 고무 및 플라스틱, 화공, 일반기계, 전기 및 전자기기

[표 3-1] FDI의 기술파급효과에 관한 선행연구

		저자 및 시간	연구대상	이용 자료	연구방법
기술파급경로	전시와 경쟁	Blomstrom(1986)	멕시코	제조업 자료	OLS
		Cantwell(1989)	유럽	기업자료	OLS
		Girma et. al.,(2001)	영국	기업자료	패널OLS
	노동 이동	Gershenberg(1987)	개냐	기업자료	---
		Blomstrom(1998)	제시 안함	다국적기업	---
	습득 능력	Barrios(2000)	스페인	1,400여개 기업	패널OLS
		Driffield(2001)	영국	제조업	패널OLS
		Yasuyuki et al.,(2006)	일본	기업자료	패널OLS
	기술 격차	Findlay(1978)	개발도상국	국가별자료	OLS
		Kokko(1994)	멕시코	제조업	OLS
	FDI의 이질성	Hu&Jefferson(2002)	중국	산업	패널OLS
		이병기(2002)	한국	기업패널	패널OLS
		Javorcik(2004)	루마니아	기업자료	패널OLS
	전방과 후방 효과	Schoors, K.(2002)	헝가리	기업횡단면	OLS
		연태훈(2003)	한국	제조업 기업체	패널OLS
		Girma(2004)	영국	기업패널	패널OLS
		Hyuk Hwang Kim (2010)	한국	제조업	패널OLS
국가경제수준	선진국	Caves(1974)	캐나다, 오스트레일리아	제조업 횡단면	OLS
		Globerman(1979)	캐나다	제조업 횡단면	OLS
		Pottelsberghe(2001)	미국, 일본 등 11개국	시계열 기업자료	패널OLS
		Haskel, Pereira(2002)	영국	제조업	패널OLS
	개발도상국	Haddad&Harrison(1993)	모로코	제조업	패널OLS
		Aitken&Harrison(1999)	베네수엘라	제조업	패널OLS
		Kugler(2001)	콜롬비아	제조업자료	공적분분석
분석방법	OLS	Blomstrom (1983)	멕시코	제조업횡단면	OLS
		Blomstrom(1989)	멕시코	산업시계열	OLS
	패널 OLS	Kim & Hwang(2000)	한국	제조업	패널/GMM
		Hubert&Pain(2000)	영국	제조업	패널OLS
		Liu(2000)	영국	제조업업종별	패널OLS
		Keller & Yeaple(2003)	미국	제조업	패널OLS
		Mauro(2008)	영국	제조업	패널OLS
	연립 방정	Kokko(1996)	멕시코	산업횡단면	연립방정
		Li, Liu(2001)	중국	공업조사자료	연립방정
연구대상	기업	Braconier, Ekholm(2001)	스웨덴	84개 기업	OLS
		Damijan etl (2003)	체코등 8개국가	제조업	패널OLS
	산업	최인범&현정택(1991)	한국과 대만	제조업	패널OLS
		김승진(1999)	한국	제조업	패널OLS

김승진(1999)은 1991년부터 1997년까지의 한국 제조업내 국내기업 및 외국인투자기업을 대상으로 패널분석방법을 이용하여 외국인투자기업의 생산성 파급효과를 분석하였다. 먼저 외국인기업의 산업비중이 국내기업의 생산성에 미치는 효과를 추정한 결과 외국인투자기업의 비중은 정(+)의 계수를 보였으나 유의하지는 않았다. 즉, 외국인투자기업의 산업 내 파급효과가 있다고 보기는 어려웠다. 이는 외국인투자의 기술파급효과 또는 경쟁을 통한 생산성 향상효과가 한국의 경우 뚜렷하지 않았던 것으로 해석할 수 있다. 또한 외국인투자기업을 포함시킨 외국인투자기업의 비중이 산업 내 기업의 생산성에 미치는 효과를 추정한 결과 외국인투자기업의 비중이 정(+)의 효과를 보였으나 유의하지는 못했다. 결과적으로 외국인투자의 기술파급효과와 경쟁효과가 생산성 증가로 이어지지는 못했던 것으로 판단된다.

3.2 중국에 대한 기술파급효과에 관한 중국문헌 연구

3.2.1 연구대상에 따른 기술파급효과에 관한 선행연구

1) 기업을 대상으로 한 기술파급효과에 관한 선행연구

何潔(2000)는 중국의 전 공업부문을 외국인투자부문과 국내부문으로 나누고 28개 성의 1993년부터 1997년까지 기간 동안 총140개 자료를 이용하여 회귀분석을 하였다. 분석결과 각 성시별 공업부문에서 외국인직접투자에 의한 정의 기술파급효과가 유의하게 존재 할 뿐만 아니라 경제발전 수준이 높은 지역 일수록 파급효과가 더욱 크다는 것을 발견하였다.

包群, 賴明勇(2002)은 중국의 1979년부터 2000년까지의 시계열 데이터를 이용하여 국내총생산, 자본, 노동력, 외국인직접투자 총액을 변수로 이용한 단위근과 공적분 분석을 하였다. 분석을 통하여 외국인직접투자는 중국의 기술진보를 촉진했지만 국내기업으로의 기술파급효과에 대해서는 통계적으로 유의하지 않고 외국인 투자기업의 기술진보효과에는 비교적 큰 변동성이 존재한다고 결론을 내리고 있다.

2) 산업을 대상으로 한 기술파급효과에 관한 선행연구

Liu & Lin(2004)은 1994년부터 2003년까지 기간 동안 중국의 산업패널데이터 및 1999년부터 2002년까지 기간 동안 기업혼합데이터를 대상으로 최소자승법과 군집분석 기법을 이용하여 외국인직접투자의 기술파급효과를 분석하였다. 분석한 결과 긍정적인 후방연쇄효과와 부정적인 산업 간 기술파급효과가 존재한다는 것을 주장하였다.

王成岐(2006)는 1995년과 2003년의 중국 164개 산업횡단면자료를 대상으로 OLS분석기법을 이용하여 원천국가별 외국인투자기업과 서로 다른 소유권의 국내기업을 조합하여 나타난 기술파급효과에 대하여 실증분석하였다. 분석한 결과 서양국가(미국, 유럽, 일본 기업)의 투자는 홍콩, 마카오, 대만과 해외화인의 투자보다 국내기업에 대한 기술파급효과에 영향을 더 크게 미친 것으로 나타났다. 그리고 서양국가의 외국인투자기업이 중국 국유기업에 대해 정의 기술파급효과가 있는 것으로 나타났으나 홍콩, 마카오, 대만과 해외화인기업은 비국유기업에 긍정적인 기술파급효과를 가져왔다고 밝혔다.

嚴兵(2006)은 2000년부터 2003년까지 중국 연속 4년의 22개 산업횡단면자료를 이용하여 외국인직접투자에 의한 산업 간 기술파급효과에 대하여 분석하였다. 분석한 결과 외국인직접투자에 따른 산업 간 기술파급효과가 통계적으로 유의하지 않다는 것을 발견하였다. 이러한 이유는 외국인투자기업과 국내기업의 연관성이 높지 않기 때문으로 판단된다고 밝히고 있다.

薑瑾 & 朱桂龍(2007)은 1999년부터 2003년까지 기간 동안 중국공업부문의 35개 산업패널데이터로 외국인직접투자에 의한 산업 내와 산업 간 파급효과에 대하여 분석하였다. 분석한 결과에 따르면 외국인직접투자에 의한 산업 내와 산업 간 기술파급효과가 통계적으로 모두 유의하다는 것을 밝혀냈다. 외국인직접투자규모가 1%를 증가할 때 상위와 하위로의 국내기업 생산량은 각각 0.73%와 0.35% 증가한다는 결과를 제시하였다. 또한 현지기업과 외국인투자기업 사이의 기술격차가 너무 크면 산업 내와 산업 간 파급효과에 모두 부정적인 영향을 미친다고 밝혔다.

3.2.2 분석방법에 따른 기술파급효과에 관한 선행연구

1) 일반OLS 기법을 이용한 기술파급효과에 관한 선행연구

秦曉鍾, 胡志寶(1998)는 콥-더글라스 생산함수를 수정하여 중국의 1995년 채굴업, 제조업, 전력가스 등 39개 산업 자료를 이용하여 중국 현지기업의 공업 총생산을 종속변수로 현지기업의 총자산, 현지기업의 근로자 수, 현지기업의 공업 부가가치, 현지기업의 자산총액 대비 외국인투자기업의 자산총액을 독립변수로 외국인직접투자의 기술파급효과에 대한 횡단면 회귀분석을 실시하였다. 분석 결과 중국에 대한 외국인직접투자의 기술파급효과가 존재함을 밝히고 있다.

陳斌(2000)등은 중국 강소성 공업부문의 자료를 이용한 분석에서 외국인직접투자에 의한 기술파급효과는 정의 상관관계가 존재할 뿐만 아니라 공업부문에 대한 외국인투자가 증가함에 따라 외국자본의 공업부문에서 내국자본의 공업부문으로의 기술파급효과도 증가하고 있다는 것을 증명하였다.

祖強, 梁俊偉(2005)는 외국인직접투자의 기술파급을 추정하기 위해 1997년부터 2002년까지 기간 동안 중국 국내 15개 산업의 시계열 데이터를 이용하여 회귀분석을 행하였다. 분석결과 전체 고정자산 투자액에서 외국인직접투자가 점유하는 비율이 1% 증가하면 산업전체의 부가가치는 0.0227% 향상되는 정의 상관관계를 나타내고 있지만, 산업별 분석에서는 제조업 등 7개 산업의 경우 정의 상관관계를 나타내고 있고, 농업·임업·목축업·어업등 8개 산업의 경우에는 부의 상관관계를 나타내고 있다. 이러한 결과로 볼 때 농업·임업·목축업·어업등 8개 산업의 경우에는 FDI에 의한 기술 습득능력이 제한되어 있어 기술파급효과에 부정적으로 작용하고 있음을 알 수 있다.

2) 패널OLS 기법을 이용한 기술파급효과에 관한 선행연구

Liu(2002)는 1993년부터 1998년까지의 기간 동안 중국 심천(深圳)경제특별구의 제조업 자료를 이용하여 외국인직접투자의 기술파급효과에 대하여 분석하였다. 분석결과 외국인직접투자에 의한 심천(深圳)경제특구 제조업의 노동생산성은 높아졌으며, 소유권에 따라 심천지역 현지기업의 기술파급효과도 다르게 나타나고 있음을 발견하였다.

潘文卿(2003)은 패널 모형을 이용하여 중국의 1995년부터 2000년까지 기간 동안 30개 성별 공업부문의 자료를 분석하였다. 분석결과 외국인투자기업의 중국 공업부문으로의 진입은 전반적으로 국내부문의 생산성 향상에 정의 파급효과를 발생 하였지만 그 작용이 크지는 않았다는 결론을 내리고 있다. 중국의 동부, 중부, 서부지역에 대한 파급효과 분석 결과에서는 중국 서부지역에 대한 외국인직접투자 규모가 크지 않아 경제발전에 크게 기여하지 못하였고, 동부지역의 경우 국내공업부문의 자체적인 기술수준이 향상되어 외국인직접투자에 의한 기술파급효과는 점차 줄어들었고, 중부지역에 대한 외국인접투자는 정의 파급효과가 상대적으로 크다는 결론을 내리고 있다.

王志鵬 & 李子奈(2004)는 1982년부터 2001년까지 기간 동안 중국 29개 성 · 시의 패널자료를 대상으로 경제성장모형을 구축하여 SUR(무관회귀분석), 3SLS(3단계 최소자승법)과 GMM(일반화적률추정법)을 이용하여 외국인직접투자에 의한 기술파급효과에 대하여 분석하였다. 분석한 결과 현지국의 경제성장은 외국인직접투자와 국내자본의 비율에 의하여 결정되며, 인적자본이 높은 지역일수록 선진기술을 습득하는 능력이 높고, 외국인직접투자에 따른 기술파급효과도 더 크다는 것을 발견하였다.

王耀中(2005)은 1997년 중국의 투입산출표로 1999년부터 2003년까지 중국 22개 공업산업의 4가지 기술파급효과(수평적 연관효과, 후방연관효과, 전방연관효과, 경쟁효과)에 대하여 분석하였다. 분석한 결과 외국인직접투자에 따른 산업 간과 산업 내 기술파급효과는 모두 유의한 정(+)의 상관관계가 나타나며, 전방연관효과는 후방연관효과보다 크고, 산업 내 기술파급효과가 통계적으로 가장 유의한다고 밝혔다.

3.2.3 중국에 대한 기술파급효과에 관한 선행연구에 대한 평가

중국 대다수 학자들은 중국 공업부문의 데이터로 기존모형을 이용하여 중국 내 외국인직접투자의 기술파급효과에 대해 분석하였지만 여러 가지 문제점이 존재하고 있다.

[표 3-2] 중국에 대한 기술파급효과에 관한 중국문헌 연구

		저자 및 시간	연구대상	이용 자료	연구방법
연구대상	기업	何潔(2000)	중국	140개 기업	패널OLS
		包群(2002)	중국	공업부문	OLS
	산업	Liu(2004)	중국	산업패널	패널OLS
		嚴兵(2006)	중국	산업횡단면	OLS
		王成岐(2006)	중국	산업횡단면	OLS
		薑瑾(2007)	중국	산업패널데이터	패널OLS
분석방법	OLS	秦曉鍾(1998)	중국	산업 자료	OLS
		陳斌(2000)	중국	공업부문	OLS
		祖強(2005)	중국	15개 산업	OLS
	패널 OLS	Liu(2002)	중국	제조업	패널OLS
		潘文卿(2003)	중국	공업부문	패널OLS
		王志鵬(2004)	중국	공업부문	SUR/3SLS/GMM
		王耀中(2005)	중국	공업산업	패널OLS

첫째, 분석결과에 대한 해석이 분명하지 않다. 包群, 賴明勇(2002)은 중국내 외국인직접투자의 기술파급효과를 분석하기 위하여 1979년부터 2000년 기간 동안 20년의 데이터로 시계열 OLS기법을 이용하여 연구모형($g=C_0+C_1FDI+C_2FDI\times H+C_3Y_0+C_4A$)을 설립하였다. 연구모형 중, H는 인적자본, Y0은 초기 일인당 산출, A는 경제성장의 기타변수를 의미한다. FDI의 t값 4.138, p값 0.000 으로 분석결과의 유의성을 판단해야 하는데 저자는 FDI의 계수 (C_1 = 0.0318)를 근거로 하였기 때문에 분석결과는 통계적으로 유의하지 않은 것으로 판단하고 있다. 그러므로 저자의 관점에는 오류가 존재한다.

둘째, 사용된 데이터에 대한 설명이 명확하지 않았다. 陳濤濤(2003)는 중국 통계국에서 구매된 84개 산업을 대상으로 중국내 외국인직접투자의 기술파급효과에 대하여 분석하였지만 데이터 년도를 제시하지 않았다.

셋째, 회귀분석결과에 대하여 검증하지 않았다. 陳斌(2000), 王耀中(2005)등의 연구에서는 분석결과를 제시하였지만 회귀방정의 다중공선성문제와 자기상관성 등 문제에 대해서는 검정하지 않았고 이에 따라 독자들은 분석결과의 신뢰성에 대하여 의심된다.

넷째, 중국 학자들은 중국내 외국인직접투자의 기술파급효과에 대하여 분석할 때 단일방정식을 많이 이용하였다(王志鵬 & 李子奈(2004); 董瑾 & 朱桂龍(2007)). 국내기업과 외국인투자기업 간에는 경쟁관계가 존재하기 때문에 중국내 외국인직접투자의 기술파급효과를 분석할 때 연립방정식을 고려하는 것도 필요할 것 같다.

다섯째, 산업집약도 및 기업유형에 따라 기술파급효과는 다르게 나타날 수 있기 때문에 중국내 외국인직접투자의 기술파급효과에 대하여 분석할 때 산업집약도 및 기업유형의 분류에 따라 기술파급효과에 대해 분석하는 것도 필요할 것이다. 그러나 많은 국내학자들은 이를 고려하지 못하고 있다.

따라서 본 책에서는 중국내 외국인직접투자의 기술파급효과에 대하여 기존 연구와 다르게 패널연립방정식 모형과 정 · 동태적 패널모형을 이용하여 분석하였다는데 연구의 차별성이 있고, 또한 외국직접투자의 이질성효과를 살펴보기 위해 투자 원천투자국별 기술파급효과; 기업유형에 따른 외국인직접투자의 기술파급효과; 산업형태에 따른 외국인직접투자의 기술파급효과를 살펴보았다는데 연구의 의의가 있다.

제4장

중국에 대한 FDI유치정책 및 기술 현황

4.1 중국에 대한 FDI유치정책

4.1.1 외국인 투자유치정책의 역사적전개 과정

중국은 1978년 이후 대외개방정책의 구체적인 시행의 일환으로 경제특구 설치를 통한 대외개방 지역 등 외국인투자 유치를 위한 법률 및 제도를 정비하였다. 대외개방은 동남부 연해지역을 중심으로 추진되어 왔으나 1992년 등샤오핑의 남순 강화 이후 중국 전역으로 확대되었다. 적극적인 외국인투자 유치정책을 펼쳐 중국의 경제 발전에 필요한 재원을 마련하는 동시에 중국의 산업 고도화와 기술진보를 촉진하여 외국인투자기업은 중국 국민 경제의 중요한 역할을 수행하였다. 중국의 외자도입은 1978년 개혁개방정책 실시 이후 크게 5단계를 거치면서 증가하였다고 볼 수 있다.

(1) 투자유치정책의 시동기(1978-1984년)

1979년 6월 중국 국무원은 제5기 전국인대 제2차 전체회의에서 "정부공작보고"를 통하여 기술도입 산업을 지속적으로 추진하고 해외자본을 적극적으로 이용하여 수출확대에 노력한다는 방침을 제시하였다. 같은 해 7월 중국 국무원은 "중외합자경영기업법"을 통과시켰는데 이것이 중국 최초의 대외경제 법규이다. 그러나 당시에는 중국정부의 외자유치입법이 미흡한데다 외국인투자유치정책의 안정성에 대한 신뢰가 부족하였기 때문에 외국기업들은 대 중국투자에 회의적인 태도를 보였다. 따라서 이 시기에는 주로 홍콩자본이 합자, 합작투자 위주로 중국에 투자되었다.

(2) 투자유치정책의 확대기(1985-1991년)

1984년 등샤오핑의 1차 특구시찰에 의한 개방정책 확대 지시에 따라 대련 등 14개 연해도시가 개방되고 각 도시마다 특구에 준하는 경제기술개발구가 설치되었다. 1980년대 후반부터 중국정부는 외국인직접투자를 유치하기 위하여 관련 입법 작업을 가속화하고 일련의 법률을 잇달아발표하였다. 특히 1986년 10월 중국 국무원은 "외국인 투자 장려에 관한 규정"을 제정하여 제품 수출형 외국인 투자기업과 기술 선진형 외국인 투자기업에게 우대혜택을 부여하였다.

(3) 투자유치정책의 확대 가속기(1992-1994년)

1992년 등샤오핑의 2차 특구시찰에 의해 개방정책이 가속화되었다. 소매, 유통 등 3차 산업에 의한 외자도입도 완화되었으며, 내륙 및 변경지역의 개방과 함께 이들 지역에도 개발구가 설치되었다. 1991년에 중국정부는 3년에 걸친 治理整顿정책을 종결짓고 1992년에 등샤오핑의 남순강화를 통하여 사회주의 시장경제체제의 구축이라는 개혁의 목표를 확립하였다. 이 기간 중국 외국인투자의 건당 평균규모는 크게 확대되었으며 신규기업 설립시 기업경영의 통제권 장악을 중시하는 독자기업의 비중이 증가하였다.

(4) 투자유치정책의 조정기(1995-1999년)

1995년부터 중국정부가 국내 경제상황의 변화에 부응하고 경제, 산업구조조정에 유익한 방향으로 외자를 유치하기 위하여 외자유치정책을 전략적으로 조정하기 시작하였다. 1995년 6월에 중국의 국가발전계획위원회와 국가경제무역위원회 및 대외무역경제합작부는 공동으로 "외국인투자의 방향을 지도하는 잠정규정"을 발표함과 동시에 "외국인 투자산업지도목록"을 발표하였다. 이에 의하여 외국인투자를 장려, 허용, 제한 및 금지 등 네 가지 유형으로 구분하여 시행하였다. 제기의 경제적 부작용으로 인하여 경제조정, 금융긴축 및 외자정책의 수정과 지방 외자도입, 금융기관의 도산문제 등의 금융 불안이 겹치면서 외자도입이 크게 위축되었다. 또한 중국정부는 1996년 4월부터 외국인 투자기업의 원자재 수입에 대한 조세우대정책을 점차 철폐하기 시작하였다. 이와 함께 가공무역, 보증금 대장제도를 시범적으로 보급했는데 이것은 외국기업들이 가공무역 방식을 편법으로 이용하여 관련조세를 회피하거나 포탈을 방지하면서 가공무역의 건전한 발전을 유도하기 위한 목적이었다. 이러한 조정에 의하여 외국인직접투자의 건수와 계약액은 다소 하락하였으나 건당평균규모는 증대되었다. 한편 1997년에 발생한 동남아 금융위기는 중국의 외자유입정책에도 영향을 미쳤다. 금융위기 발생국에서 중국에 투자한 기업들이 경영난을 맞게 되었는데, 특히 한국의 대중국직접투자가 크게 감소하여 철수하는 기업들도 큰 폭으로 늘어났다. 1998년 1월에 중국정부는 외자유치감소에 대응하여 외자정책에 대한 적극적 조정을 실시하고 대다수 외국인투자기업의 기계설비 수입에 대한 세수면제혜택을 회복시키기도 하였다.

(5) 외자유입 선별기(2000년-현재)

중국은 WTO 가입 이후 거의 모든 산업에 대해 외국인기업의 진출을 허용하고 국제적인 규칙에 준하는 외국인 투자 법규와 제도의 정비가 이루어지고 있다. 이에 따라 외국인 투자는 큰 폭으로 증가하고 있다. 중국의 외국인 투자 정책은 과도한 외국인 투자 의존적 경제 구조와 불균형적 외국인 투자 유입에 따른 구조적 모순을 해소하고 외국인 투자를 중국의 산업구조 고도화와 중국기업의 글로벌 경쟁력 강화를 위한 지렛대(leverage)로 활용하는 데 초점이 맞추어지고 있다. 또한 중국 정부는 산업 정책과 외국인 투자 정책의 철저한 연계를 통한 산업구조의 고도화를 달하고 있다. 이에 따라 환경오염 업종과 에너지 및 자원 다소비형 투자는 제한하고, 신기술 또는 첨단산업 분야의 투자를 장려하는 외국인 투자에 대한 선별 정책을 강화하고 있다.[13)]

4.1.2 투자유치제도

중국에 투자하는 외국인투자기업은외 자기업법, 중외합자경영법에 근거하여 중국에 법인을 설립하게 되며, 세무 및 노무 등 경영에 필요한 규정은별도의 법률에 따르고 있다.

중국은 WTO 가입 후 5년간 연평균 22000여건의 법률 및 규정 제 · 개정작업을 하였으며, 특히 "11.5 계획"이 시작된 2006년부터는 세무, 환경,

13) 양면섭, 구은아. 「중국의 WTO 가입 5주년 결산」, 대외경제정책연구원 2007, pp.84-90.

노무, 회계 관계 법률에 초점을 맞추어 입법 작업을 진행하고 있다.([표 4-1]를 참조)

[표 4-1] 외국인투자 관련 2007년 변경 주요 법률 및 규정

구분	내용	시행일
기업 소득세법	– 내 · 외자기업 소득세율을 25%로 통합 – 하이테크기업 및 서부내륙지역기업에게 15%적용 – 중소영세기업에게 20% 적용 – 이전가격, 탈세 등 세무 조사 내용에 대한 특별 납세조정 항족 등	2008.1.1
물권법	– 사유재산권에 대한 보호 – 주택건축용지 사용기간 자동 연장 – 농지도급경영권조건부 매매 – 토지 수용에 대한 제한 – 물권 등기 요건,담보 물권 범위확대 등	2007.10.1
파산법	– 국영기업에서 사영기업과 외자 기업에게까지 확대 적용 – 파산절차 투명화 – 채권자에 채무변제 최우선 순위 부여 – 금융기관 파산 규정등	2007.6.1
동업 기업법	– 공동출자 경영 형태인 동업 개업의 유형을 일반 동업 기업, 특수 일반동업기 유한동업 기업등으로 세분 – 등기 수속기간 단축 – 생산 경영 소득 및기타 소득 구분을 통한 중복 납세문 제 해결 등	2007.6.1
반독점법	– 국유기업 독점 제한 – 외자기업의 인수,합병, 독자기업 설립, 제한을 통한 독과점 시장 형성 제한 등	2008.8.1
노동 계약법	– 노동자 권익 보호강화 – 노동계약 서면 체결의 무화 – 무고정기한 계약체결 조항 – 경제보상 지급 조항등	2008.1.1
순환경제 촉진법	– 자원다소비업종(철강, 석탄, 석유화학등)에 대한 중점관리감독 – 상품 폐기처분 및 회수, 이용처리 등에 대한 산자책임재활용제도 도입 – 자원절약과 감량화정책(제품 생산,포장시 유독 물질사용 금지, 에너지 절약형, 절수형 기술공법 도입)	2009.1.1
생산안전 처리조례	– 생산현장의 안전사고를 사상 자 수 및 직접 경제 손실액에 따라 4등급으로 구분, 최고 6억원	2007.6.1

자료출처: 中華人民共和國外資企業法, 2007.

4.1.3 투자우대제도

중국의 위국인 투자에 대한 우대혜택은 2007년 3월 개정된 기업소득세법에 근간을 두고 있으며, 필요에 따라 국무원이 우대혜택의 필요성을 전국인민대표 회의에 보고한 후에 지역, 업종 등에 따라 외국인 투자기업에 인센티브를 부여하게 된다.(企業所得稅法, 2007)

(1) 관세 및 증치세(부가가치세)면제

현재 중국정부는 외국인 투자기업에 대한 관세 및 증치세 면제대상은 제한적으로 정해놓고 있지만 해당되는 기업이라 하더라도 모두 관세 및 증치세 면제를 받는 것은 아니며, 중국 내에서 생산이 불가능한 제품을 생산하는 기업일 경우에 한정하고 있다. 또한 "외국인 투자사업의 면세 불허 대상품목"의 제품은 세제 혜택이 없다.(外商投資産業指導目錄, 2004.)

[표 4-2] 관세 및 증치세(부가자치에)면제대상 기업

– "외국인투자 산업 지도목록(2004년11월 개정)"상의 외국인투자 장려 품목투자 기업 – "중서부지역 비교 우위 투자 산업 지도목록에 종사하는 기업 – R&D센터 설립 기업 – 첨단기술기업 – 수출기업의 설비 교체 – 수출기업이 설비 교체 등으로 총 투자범위 내에서 수입하는 기계설비 · 기술 · 부품 · 원부자재

(2) 증치세(부가가치세)및 소득세 면제

외국인 투자 산업 지도목록의 '장려' 분야와 국가 중점 장려 산업, 제품, 기술목록'에 해당되는 투자사업 가운데 총 투자금액 범위 내에서 중국산 설비를 구입하는 경우에는 증치세 환급 및 기업 소득세를 공제해준다. 다만, 중고설비를 구입하는 경우와 중국 측의 현물출자는 제외한다. (外商投資産業指導目錄, 2004.)

(3) 지역별 우대 정책 차이

외자투자 유치 정책의 지역별 차이에 따라 협상의 여지가 있다. 각 지역별 중점 투자유치 분야를 감아해야 하고 각 지방정부는 더 많은 외국인투자기업을 유치하기 위해서 각종 소제 항목 중에서 지방정부에 귀속되는 부분(지방세)에 대한 면제 또는 감면하는 우대정책을 펼치고 있는 것이다. 그렇지만 이러한 우대정책들은 모든 업종에 적용되는 것은 아니고 대규모 투자 항목이나 첨단기술 산업 등 일부 업종에 해당하는 투자에 대해서만 적용되며 적용기간도 대부분 5년 이내이다. 지역별로 투자액에 대한 기준을 다르게 규정하고 있지만 대규모 투자 항목에 해당하는 경우 대부분의 성이 '사안별로 구체적인 우대정책을 협의 한다'라고 규정함으로써 일반적인 우대정책보다도 더욱 많은 혜택을 제공할 여지가 준다.

4.1.4 중국의 외국투자기업 관련 법규

중국의 외국인투자 법률 · 법규라는 함은 “중외합자경영기업법”, “중외합작경영기업법”, “외자기업법”과 그 실시세칙(또는 실시조례)를 위주로 하는 외국인투자 3 법, 행정법규, 부문 규정과 지방성의 법규를 말한다. 외상투자의 법률 · 법규의 WTO규칙에의 부합성 문제는 대단히 중요하기 때문에 중국은 WTO 규칙과 중국정부의 대외적 수락내용에 근거하여 외국인투자 3 법을 정비하였다. 그 과정에서 수년 동안 많은 견해가 제시되었으며 그 중에서도 특히 합자경영기업법의 개정은 많은 관심의 대상이 되었다.

[그림 4-1] 외국인투자 관련 법률체계

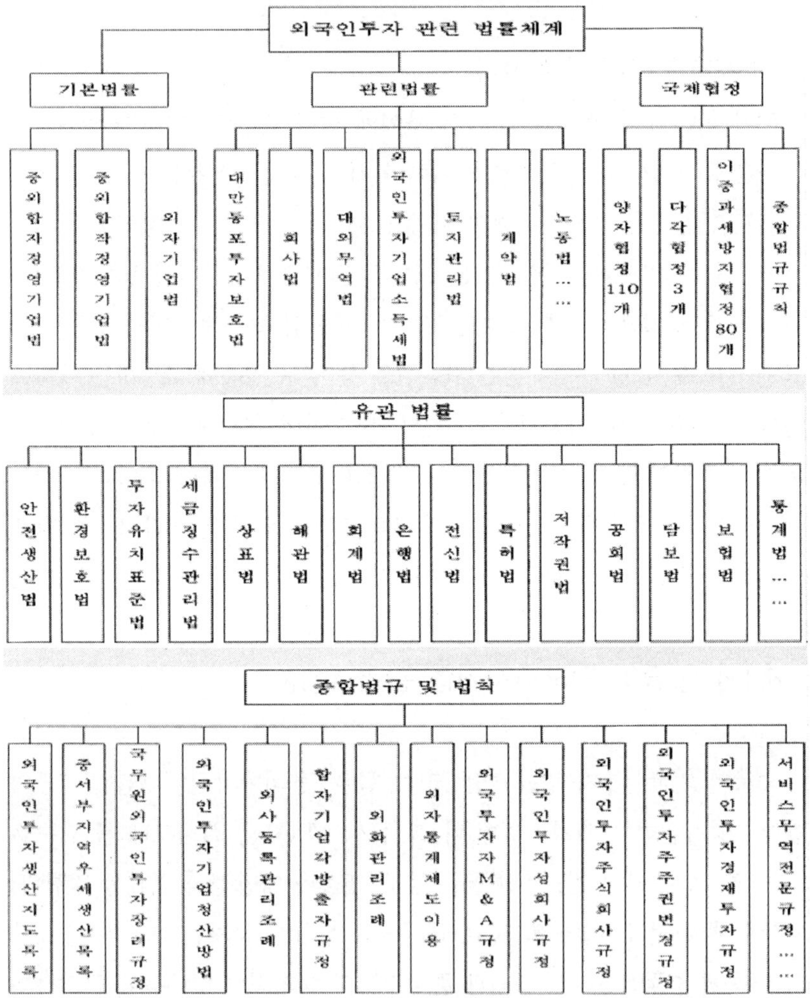

자료원: 중국상무부 외자사

이러한 과정을 거쳐 "외자기업법"과 "중외합작경영기업법"14)은 2000년10월 31일, 중외합자경영기업법은 2001년 3월 15일 각각 전국인민대표대회에서 개정 · 공포되었다. 또한 2000년 3월 15일 국무원도 "외자기업실시세칙"의 일부를 개정하였다.

그 후, 2001년 3월 15일 제9기 전국인민대표대회 4차회의에서 "중외합자경영기업법"이 개정(2차)되었으나, 수정범위가 1백자에 미치지 못할 정도로 소폭에 그쳤다. 그후 2001년 7월 22일 국무원은 합자경영기업법의 개정에 근거하여 그 실시조례의 상응하는 조항들을 대표적으로 개정(제3차)하였다.15)([그림4－1]을 참조)

4.2 중국에 대한 FDI 현황

4.2.1 연도별 FDI 현황

중국에 대한 외국인직접투자는 1978년 개혁개방 이후 시작되었지만 본격적인 유입은 1985년 이후부터였다. 1979년부터 1984년까지 중국은 외국인직접투자를 유치하고 활용할 수 있는 시스템, 부서, 법률 등이 절대적으로 부족하였고 심사를 통과할 수 있는 기업도 많지 않은 상태였으

14) 중외합작경영은 1979년 7월 1일 개최된 제5기 전인대 제2차 회의에서 처음 채택된 후 1990년 4월 4일 제7기 전인대 제3차 회의에서 한 차례개수정된 바 있다. 이 법이 처음 제정되었던 1979년은 외국기업에 대한 문호개방의 시발점이었으며 1990년의 개정은 관련규정을 국제관례에 보다 부합되는 방향으로 수정하였다는 데 의미를 부여할 수 있다.

15) 문준조, "WTO 가입과 중국의 외국인투자법 제정비에 관한 연구", 한국법제연구원, 연구보고서 2002-16, 2002, 12,pp. 111-112.

며, 외국인직접투자의 총액이 총 외자 활용 액의 22.6%인 41억 달러에 불과하였고 계약건수도 5년간 3,724건밖에 이루어지지 않았다.

1985년부터 연해지역의 개방과 경제특구의 설립에 따라 외국인직접투자가 본격적으로 유입되기 시작했고, 이에 따라 안정적인 증가추세가 나타났다. 1986년에 중국 국무원에서 "외국인투자격려에 관한 국무원 규정"을 발표하였고 1992년에 등소평의 南巡講話 발표와 제14차 중국인민대표대회의 개혁 · 개방 결정에 따라 사회주의 시장경제가 도입되면서부터 외국인직접투자는 획기적으로 증가하였다. 1992년 최초로 100억 달러를 넘어섰고, 1993년에는 275억 달러로 전년대비 150% 성장세를 나타내었다.

1994년에 외국인직접투자의 실질 활용 액은 중국 GDP의 6.0%까지 차지하였다. 또한 이시기 중국은 외국인직접투자를 적극적으로 유치하기 위해 "市場換技術, 換投資(시장을 내어주고 기술도입과 외국인투자를 유치한다)", 인민폐의 자유 환율 정책 등을 실행하였고, 그 결과 다양한 형태의 외국인투자가 나타나기 시작했다.

그러나 아시아 외환위기 기간 동안 외국인직접투자가 다소 감소하기는 하였지만 1996년 이후 2001년까지 6년 연속 400억 달러 이상의 외국인투자를 유치하였다. 2002년에는 WTO 가입과 10차 5개년 계획의 추진 과정에서 국제규범에 맞는 시장경제체제의 정비, 외국인투자와 관련된 법규와 제도의 정비, 경제발전 전망에 따라 중국 내수시장을 목표로 하는 다국적기업들의 투자 급증으로 527억 달러를 유치하여 연간 투자유치 규모에서 세계 제1위의 외국인투자 유치국으로 부상하였다.

2008년에는 923억 달러의 투자유치 실적을 나타냈지만 2009년에는 세계경제 위기로 전년대비 2.6% 감소한 약 900억 달러를 유치하였다. 그러나 2010년 다시 전년대비 17.4% 증가하여 최초 1천억 달러를 상회하는 1,057억 달러를 유치하였다.

[표 4-3] 중국에 대한 연도별 FDI 현황

(단위: 억 달러, %, 건)

연도	외자 실행액 (A)	외국인직접투자				GDP		
		실행액 (B)	증가율	B/A	계약 건수	금액 (C)	증가율	B/C
1979-1984	181.9	41.0		22.6	3,724			
1985	47.6	19.6	37.7	41.1	3,073	3,070.2	13.5	0.6
1986	76.3	22.4	14.7	29.4	1,498	2,975.9	8.9	0.8
1987	84.5	23.1	3.1	27.4	2,233	3,239.7	11.6	0.7
1988	102.3	31.9	38.0	31.2	5,945	4,041.5	11.3	0.8
1989	100.6	33.9	6.2	33.7	5,779	4,513.1	4.1	0.8
1990	102.9	34.9	2.8	33.9	7,273	3,902.8	3.8	0.9
1991	115.5	43.7	25.2	37.8	12,978	4,091.7	9.2	1.1
1992	192.0	110.1	152.1	57.3	48,764	4,882.2	14.2	2.3
1993	389.6	275.2	150.0	70.6	83,437	6,132.2	14.0	4.5
1994	432.1	337.7	22.7	78.1	47,549	5,592.2	13.1	6.0
1995	481.3	375.2	11.1	78.0	37,011	7,279.8	10.9	5.2
1996	548.1	417.3	11.2	76.1	24,556	8,560.8	10.0	4.9
1997	644.1	452.6	8.5	70.3	21,001	9,526.5	9.3	4.8
1998	585.6	454.6	0.5	77.6	19,799	10,194.6	7.8	4.5
1999	526.6	403.2	-11.3	76.6	16,918	10,832.8	7.6	3.7
2000	593.6	407.2	1.0	68.6	22,347	11,984.8	8.4	3.4
2001	496.7	468.8	15.1	94.4	26,140	13,248.2	8.3	3.5
2002	550.1	527.4	12.5	95.9	34,171	14,538.2	9.1	3.6
2003	561.4	535.1	1.4	95.3	41,081	16,409.7	10.0	3.3
2004	640.7	606.3	13.3	94.6	43,664	19,316.4	10.1	3.1
2005	638.1	603.3	-0.5	94.5	44,001	22,576.2	10.2	2.7
2006	670.8	630.2	4.5	94.0	41,473	27,135.0	11.6	2.3
2007	783.4	747.7	18.6	95.4	37,871	34,956.6	11.9	2.1
2008	952.5	924.0	23.6	97.0	27,514	45,218.3	9.0	2.0
2009	918.0	900.3	-2.6	98.1	23,435	49,905.3	9.2	1.8
2010	1,088.2	1,057.3	17.4	97.2	27,406	59,266.1	10.4	1.8
1979-2010	12,504.5	10,483.7		83.8	710,641			

자료원: 中經網統計數據庫

1979년부터 2010년까지 32년간 전국적으로 승인한 외국인투자기업은 총 710,733개이고 계약한 외자금액은 22,915.51억 달러이며 실제로 사용한 외자금액은 10,988.64억 달러에 달하였다.

4.2.2 산업별/업종별 FDI 현황

중국 상무부에서 발표한 2004부터 2010년까지 기간 동안 업종별 외국인직접투자 동향을 살펴보면 [표 4-4]와 같다. 각 산업종별로 전체산업에서 차지하는 비중에 대한 현황을 살펴보면 제조업의 경우는 2004년 4,301,724만 달러로 전체 산업 중 가장 큰 비중인 71.0%를 차지하였지만, 2010년에는 4,959,058만 달러로 전체산업 중에서 46.9%로 감소세를 나타내었다. 반대로 2004년 부동산업은 전체산업 중에서 9.8%, 임대와 상업서비스는 전체산업 중에서 4.7%, 도소매와 호텔산업은 전체산업 중에서 1.2%를 차지하고 있었다.

그러나 2010년에 부동산산업은 전체산업 중에서 22.7%, 임대와 상업서비스는 전체산업 중에서 6.7%, 도소매와 호텔산업은 전체산업 중에서 6.2%를 차지하는 등 큰 폭의 증가세를 나타내었다.

특히, 제조업의 투자가 감소·둔화하고 있는 것은 주로 전통 제조업이 이미 설비과잉 상태이고, 노동과 토지 등 요소비용이 지속적으로 상승하고 있기 때문으로 판단할 수 있다.

업종별 연도별 건당 외국인직접투자규모에 대한 형황을 살펴보면 2004년에 금융업의 건당규모는 587.2만 달러로 전체 업종 중에서 제1위를 차지했고, 부동산업은 336.7만 달러로 전체 산업 중에서 제2위를 차지했고, 전력, 석탄, 물의 생산업은 249.7만 달러로 전체 산업 중에서 제3위를 차지하였다.

[표 4-4] 중국에 대한 업종별 FDI 현황

(단위: 억 달러, %, 건)

산업분류	2004		2005		2006		2007		2008		2009		2010	
	금액(건수)	비중(건당)	금액(건수)	비중(건당)	금액(건수)	비중(건당)	금액(건수)	비중(건당)	금액(건수)	비중(건당)	금액(건수)	비중(건당)	금액(건수)	비중(건당)
농·임·목·어업	111,434 (1,130)	1.8 (98.6)	71,826 (1,058)	1.2 (67.9)	59,945 (951)	1.0 (63.0)	92,407 (1,048)	1.2 (88.2)	119,102 (917)	1.3 (129.9)	142,873 (896)	1.6 (159.5)	191,195 (929)	1.8 (205.8)
채광업	53,800 (279)	0.9 (192.8)	35,495 (252)	0.6 (140.9)	46,052 (208)	0.7 (221.4)	48,944 (234)	0.7 (209.20)	57,283 (149)	0.6 (384.4)	50,059 (99)	0.6 (505.6)	68,440 (92)	0.6 (743.9)
제조업	4,301,724 (30,386)	71.0 (141.6)	4,245,291 (28,928)	70.4 (146.8)	4,007,671 (24,790)	63.6 (161.7)	4,086,482 (19,193)	54.7 (212.9)	4,989,483 (11,568)	54.0 (431.3)	4,677,146 (9,767)	51.9 (478.9)	4,959,058 (11,047)	46.9 (448.9)
전력, 석탄, 물생산	113,624 (455)	1.9 (249.7)	139,437 (390)	2.3 (357.5)	128,136 (375)	2.0 (341.7)	107,255 (352)	1.4 (304.7)	169,602 (320)	1.8 (530.0)	211,206 (238)	2.3 (887.4)	212,477 (210)	2.0 (1,011.8)
건축업	77,158 (411)	1.3 (187.7)	49,020 (457)	0.8 (107.3)	68,801 (352)	1.1 (195.5)	43,424 (308)	0.6 (141.0)	109,256 (262)	1.2 (417.0)	69,171 (220)	0.8 (314.4)	146,062 (276)	1.4 (529.2)
교통운수, 창고업	127,285 (638)	2.1 (199.5)	181,230 (734)	3.0 (246.9)	198,485 (665)	3.1 (298.5)	200,676 (658)	2.7 (305.0)	285,131 (523)	3.1 (545.2)	252,728 (395)	2.8 (639.8)	224,373 (396)	2.1 (566.6)
정보통신산업	91,609 (1,622)	1.5 (56.5)	101,454 (1,493)	1.7 (68.0)	107,049 (1,378)	1.7 (77.7)	148,524 (1,392)	2.0 (106.7)	277,479 (1,286)	3.0 (215.8)	224,694 (1,081)	2.5 (207.9)	248,667 (1,046)	2.4 (237.7)
도·소매. 호텔산업	73,959 (1,700)	1.2 (43.5)	103,854 (2,602)	1.7 (39.9)	178,941 (4,664)	2.8 (38.4)	267,652 (6,338)	3.6 (42.2)	443,297 (5,854)	4.8 (75.7)	538,980 (5,100)	6.0 (105.7)	659,566 (6,786)	6.2 (97.2)
호텔	84,094 (1,174)	1.4 (71.6)	56,017 (1,207)	0.9 (46.4)	82,764 (1,060)	1.3 (78.1)	104,165 (938)	1.4 (111.1)	93,851 (633)	1.0 (148.3)	84,412 (502)	0.9 (168.2)	93,494 (579)	0.9 (161.5)
금융업	25,248 (43)	0.4 (587.2)	21,969 (40)	0.4 (549.2)	29,369 (52)	0.5 (564.8)	25,729 (51)	0.3 (504.5)	57,255 (25)	0.6 (2,290.2)	45,617 (52)	0.5 (877.3)	112,347 (85)	1.1 (1,321.7)
부동산업	595,015 (1,767)	9.8 (336.7)	541,807 (2,120)	9.0 (255.6)	822,950 (2,398)	13.1 (343.2)	1,708,873 (1,444)	22.9 (1,183.4)	1,858,995 (452)	20.1 (4,112.8)	1,679,619 (569)	18.7 (2,951.9)	2,398,556 (689)	22.7 (3,481.2)
임대와 상업서비스	282,423 (2,661)	4.7 (106.1)	374,507 (2,981)	6.2 (125.6)	422,266 (2,885)	6.7 (146.4)	401,881 (3,539)	5.4 (113.6)	505,884 (3,138)	5.5 (161.2)	607,806 (2,864)	6.8 (212.2)	713,023 (3,418)	6.7 (208.6)
과학기술서비스업	29,384 (629)	0.5 (46.7)	34,041 (926)	0.6 (36.8)	50,413 (1,035)	0.8 (48.7)	91,668 (1,716)	1.2 (53.4)	150,555 (1,839)	1.6 (81.9)	167,363 (1,066)	1.9 (157.0)	196,692 (1,299)	1.9 (151.4)
환경과 공공설비업	22,911 (164)	0.4 (139.7)	13,906 (139)	0.2 (100.0)	19,517 (132)	0.3 (147.9)	27,283 (154)	0.4 (177.2)	34,027 (138)	0.4 (246.6)	55,613 (183)	0.6 (303.9)	90,859 (143)	0.9 (635.4)
주민서비스업	15,795 (251)	0.3 (62.9)	26,001 (329)	0.4 (79.0)	50,402 (236)	0.8 (213.6)	72,270 (270)	1.0 (267.7)	56,992 (205)	0.6 (278.0)	158,596 (207)	1.8 (766.2)	205,268 (217)	1.9 (945.9)
교육	3,841 (59)	0.1 (65.1)	1,775 (51)	0.0 (34.8)	2,940 (27)	0.0 (108.9)	3,246 (15)	0.0 (216.4)	3,641 (24)	0.0 (151.7)	1,349 (20)	0.0 (67.5)	818 (12)	0.0 (68.2)
사회복지업	8,738 (21)	0.1 (416.1)	3,926 (22)	0.1 (178.5)	1,517 (20)	0.0 (75.9)	1,157 (13)	0.0 (89.0)	1,887 (10)	0.0 (188.7)	4,283 (18)	0.0 (237.9)	9,017 (12)	0.1 (751.4)
문화·체육	44,776 (272)	0.7 (164.6)	30,543 (272)	0.5 (112.3)	24,136 (241)	0.4 (100.1)	45,109 (207)	0.6 (217.9)	25,818 (170)	0.3 (151.9)	31,756 (158)	0.4 (201.0)	43,612 (168)	0.4 (259.6)
기타	180 (2)	0.0 (90.0)	370 (0)	0.0 (0.0)	707 (4)	0.0 (176.8)	44 (0)	0.0 (0.0)	0 (1)	0.0 (0.0)	1 (0)	0.0 (0.0)	2,108,598 (4,052)	19.9 (520.4)
금액합계	6,062,998		6,032,469		6,302,061		7,476,789		9,239,544		9,003,272		10,573,524	
건수합계	43,664	138.9	44,001	137.1	41,473	152.0	37,871	197.4	27,514	335.8	23,435	384.2	27,406	385.8

자료원: 中經網統計數據庫

[표 4-5] 산업별 대 중국 외국인직접투자 실질투자 현황

(단위: 억 달러, %)

	제1차 산업		제2차 산업				제3차 산업	
					제조업			
금액	금액 (비중)	계약건수 (비중)	금액 (비중)	계약건수 (비중)	금액 (비중)	계약건수 (비중)	금액 (비중)	계약건수 (비중)
1997	6.3 (1.4)	814 (3.9)	325.7 (72.0)	15481 (73.7)	281.2 (62.1)	14716 (70.1)	120.6 (26.7)	4706 (22.4)
1998	6.2 (1.4)	876 (4.4)	313.3 (68.9)	14,105 (71.2)	255.8 (56.3)	13,477 (68.1)	135.1 (29.7)	4,818 (24.3)
1999	7.1 (1.8)	762 (4.5)	277.8 (68.9)	12,535 (74.1)	266.0 (56.1)	12,042 (71.2)	118.3 (29.3)	3,621 (21.4)
2000	6.8 (1.7)	821 (3.7)	295.7 (72.6)	16,490 (73.8)	258.4 (63.5)	15,988 (71.5)	104.6 (25.7)	5,036 (22.5)
2001	9.0 (1.9)	887 (3.4)	348.0 (74.2)	19,647 (75.2)	309.1 (65.9)	19,106 (73.1)	111.8 (23.9)	5,606 (21.5)
2002	10.3 (2.0)	975 (2.9)	394.6 (74.8)	25,608 (75.0)	368.0 (69.8)	24,930 (73.0)	122.5 (23.2)	7,588 (22.2)
2003	10.0 (1.9)	1,116 (2.7)	391.8 (73.2)	30,221 (73.6)	369.4 (69.0)	29,281 (71.3)	133.2 (24.9)	9,744 (23.7)
2004	11.1 (1.8)	1,130 (2.6)	454.6 (75.0)	31,531 (72.2)	430.2 (71.0)	30,386 (69.6)	140.5 (23.2)	11,003 (25.2)
2005	7.2 (1.2)	1,058 (2.4)	446.9 (74.1)	30,027 (68.2)	424.5 (70.4)	28,928 (65.7)	149.1 (24.7)	12,916 (29.4)
2006	6.0 (1.0)	951 (2.3)	425.1 (67.5)	25,725 (62.0)	400.8 (63.6)	24,790 (59.8)	199.1 (31.6)	14,797 (35.7)
2007	9.2 (1.2)	1,048 (2.8)	428.6 (57.3)	20,087 (53.0)	408.6 (54.7)	19,193 (50.7)	309.8 (41.4)	16,736 (44.2)
2008	11.9 (1.3)	917 (3.3)	532.6 (57.6)	12,299 (44.7)	498.9 (54.0)	11,568 (42.0)	379.5 (41.1)	14,298 (52.0)
2009	14.3 (1.6)	896 (3.8)	500.8 (55.6)	10,324 (44.1)	467.7 (52.0)	9,767 (41.7)	385.3 (42.8)	12,215 (52.1)

자료원: 中經網統計數據庫

2010년도에 부동산업은 건당 3481.2만 달러로 2004년에 비해 10.3배 증가하였고 전체산업 중에서 제1위를 차지하였다. 금융업은 1321.7만 달러로 전체 산업 중에서 제2위를 차지하였고, 전력, 석탄, 물 산업은

1011.8만 달러로 전체 산업 중에서 제3위를 차지하였다. 이러한 현상에 따라 부동산과 금융업 등 과열업종에서 대해 투자 제한을 위한 방안이 추진되기도 하였다.

환경과 공공설비산업, 주민서비스업과 사회복지산업도 2010년도에 건당규모가 2004년 비해 각각 4.5배, 15.0배, 1.8배 증가하였고 이는 중국 경제의 고도발전과 외국인직접투자규모의 고속 증가에 따라 중국정부는 환경오염과 주민의 복지를 개선하는 의식이 향상되고 있는 것으로 판단될 수 있다.

[표 4-5]을 보면 제1차 산업이 1997년부터 2009년까지 기간 동안 총 13년의 평균 비중은 실질 활용액 기준 1.5%, 계약 건수 기준 3.3%를 차지하는 등 큰 변화는 없었다.

외국인투자의 주요산업이 제2차 산업은 13년 동안에 평균 비중이 투자금액의 68.6%, 계약건수 기준 66.2%의 수준을 유지하고 있다. 그 중에 제조업의 평균 비중은 금액 기준 62.2%, 계약 기준 63.7%를 차지하고 있어 외국인직접투자의 주요산업임을 알 수 있다.

그러나 2004년부터 제조업의 압도적인 영향이 점차 감소하고 있는 추세가 나타고, 교통운송업, 임대와 비즈니스서비스, 전력과 우편, 가스나 물의 생산과 제공 등 서비스업인 제3차 산업이 전반적으로 증가세를 보이고 있다. 그러나 제2차 산업 비중이 감소세를 나타내었지만 여전히 주된 유치산업이다.

외국인직접투자의 이런 산업 분포가 중국의 경제 구조와 밀접한 관계가 있다. 즉, 제2차 산업이 중국의 GDP에서 차지하는 비중이 높기 때문이기도 하며, 서비스산업 등 제3차 산업에 대한 외국인투자 개방이 늦었기 때문이기도 하다.

4.2.3 지역별 FDI 현황

중국의 지역별 투자동향을 살펴보면 여전히 동부 연해지역에 집중되어 있다. 즉 최초의 개방지역이었던 광동성의 주장삼각주(珠三角)와 최근 외국인직접투자 유입이 빠르게 증가하는 상하이 · 강소성 · 절강성 · 의 창장삼각주(長江三角洲), 베이징과 텐지, 호북성을 포함하는 징진창(京津唐)지역이 3대 투자 중심지역이다. 2000년 이전에는 주장삼각주 지역에 대한 외국인직접투자가 가장 높았으나, 2001년 이후에는 창장삼각주 지역과 산동성에 대한 투자 비중이 높아지고 있다.

[표 4-6] 중국의 지역별 외국인직접투자 현황

(단위: 억 달러, %)

연도	동부		중부		서부	
	금액	점유율	금액	점유율	금액	점유율
1999	354.4	87.9	37.5	9.3	11.3	2.8
2000	357.9	87.9	37.1	9.1	12.2	3.0
2001	408.8	87.2	41.3	8.8	19.2	4.1
2002	457.3	86.7	50.1	9.5	20.0	3.8
2003	459.7	85.9	58.3	10.9	17.1	3.2
2004	522.0	86.1	66.7	11.0	17.6	2.9
2005	535.7	88.8	48.9	8.1	18.7	3.1
2006	526.2	83.5	83.8	13.3	20.2	3.2
2007	656.5	87.8	54.6	7.3	36.6	4.9
2008	758.6	82.1	111.8	12.1	53.6	5.8
2009	808.5	89.8	68.4	7.6	23.4	2.6
2010	935.7	88.5	89.9	8.5	31.7	3.0

주: 동부: 北京, 天津, 河北, 遼寧, 上海, 江蘇, 浙江, 福建, 山東, 廣東, 海南
중부: 山西, 吉林, 黑龍江, 安徽, 江西, 河南, 湖北, 湖南
서부: 陝西, 甘肅, 青海, 寧夏, 新疆, 內蒙古, 西藏, 廣西, 雲南, 貴州, 四川, 重慶
자료: 중국상무부, 중국경제DB

특히, 창장삼각주의 경우 단순 생산기지가 아닌 내수시장 지향형 투자지역으로서 입지우위를 인정받고 있다. 이 지역에서 외국인투자기업들은 주로 일반제조업 가공에서 하이테크제품 가공으로 투자를 확대해나가는 추세이며, 자본과 기술집약적 산업에서 클러스터를 형성하고 있다.

대만기업의 경우, 투자초기에는 광동성의 주장삼각주와 샤먼지역에 대한 투자가 절대적이었으나 2000년을 기점으로 창장삼각주에 대한 투자액이 주장삼각주에 대한 투자액을 초과하였다.

특히 상하이 · 쿤산 · 소주 · 닝보 지역에 전기 · 전자 · 통신 등 기술 집약적인 산업 및 관련 산업에 대만기업의 투자가 집중되고 있다.

그러나 현재 중국정부는 낙후지역 개발을 통한 지역의 균형발전을 위하여 동부 연해지역에 집중되어있는 투자에 대한 외자기업의 세제혜택을 폐지하고 국내 · 외 기업에게 동일한 기업 소득세를 적용하여 추진하는 한편, 서부 대개발 등 낙후된 지역에 대한 투자에 대해서는 기존의 인센티브를 계속 유지해 나갈 방침이다. 따라서 향후 서부 대개발 등 중국의 지역균형 발전 정책으로 인해 중서부로의 외국인투자가 점차 증가할 것으로 예상된다.

4.2.4 투자원천국별 FDI 현황

[표 4-7]에서 볼 수 있는 바와 같이 아시아지역의 국가들이 중국에 대한 직접투자를 가장 많이 하고 있다. 2009년 중국에 대한 아시아 지역 국가의 직접투자는 총투자에서 차지하는 비중이 67.3%로 606.2억 달러에 달하였다. 그 중 절대적으로 우위를 차지하고 있는 지역은 홍콩으로서 실질투자 규모가 460.8억 달러로서 아시아 지역 투자의 76%, 중국에 대한 총투자의 51.2%를 차지하였다. 그 다음은 일본으로 실질투자규모가

41.05억 달러로서 아시아 지역에서 2위, 전체의 3위를 차지하고 있다. 이러한 일본의 투자는 아시아에서 차지하는 비중이 6.8%, 전체 투자에서 차지하는 비중이 4.6%에 불과하였다.

[표 4-7] 주요 주(洲)별 대중국 직접투자(실질투자) 현황

(단위: 억 달러, %)

연도	아시아		유럽		북미		기타	
	금액	비중	금액	비중	금액	비중	금액	비중
1997	342.8	75.7	44.4	9.8	36.9	8.1	28.5	6.3
1998	313.3	68.9	43.1	9.5	43.3	9.5	54.9	12.1
1999	268.3	66.6	48	11.9	46.2	11.4	40.7	10.1
2000	254.8	62.6	47.7	11.7	47.9	11.8	56.8	14
2001	296.1	63.2	44.8	9.6	51	10.9	76.8	16.4
2002	325.7	61.8	40.5	7.7	64.9	12.3	96.3	18.3
2003	341	63.7	42.7	8	51.6	9.6	99.7	18.6
2004	376.2	62	48	7.9	49.8	8.2	132.3	21.8
2005	357.2	59.2	56.4	9.4	37.3	6.2	152.3	25.2
2006	350.8	55.7	57.1	9.1	36.9	5.9	185.4	29.4
2007	421.2	56.3	43.7	5.8	33.9	4.5	249	33.3
2008	563.5	61	54.6	5.9	39.6	4.3	266.3	28.8
2009	606.2	67.3	55.2	6.1	36.8	4.1	202.2	22.5

자료원: 中經網統計數據庫

지금까지 아시아 지역 국가가 중국에 대한 주요 투자주체로서 역할을 하고 있고, 유럽과 북미 지역 국가의 투자비중은 점차 작아지고 있다. 2009년 유럽지역 국가의 투자는 55.2억 달러로 총투자의 6.1%, 북미지역 국가의 투자는 36.8억 달러로 4.1%를 차지하고 있다. 대양주(大洋洲) 등 기타 지역에서의 대 중국 투자가 증가하는 등 중국에 대한 외국인직접투자의 주체는 다양화되고 있다.

[표 4-8]는 국가별 대 중국 직접투자의 실질투자 현황을 보여주고 있다.

2009년 중국에 대한 10대 투자국은 순위별로 홍콩, 버진아일랜드, 일본, 싱가포르, 한국, 케이맨제도, 미국, 사모아, 중국 대만, 그리고 독일이었다. 버진아일랜드가 항상 전체 2위의 자리에 있고 평균 17%의 금액을 이루었다. 기타국가 중 사모아는 증가세를 나타낸 반면에 미국은 감소세를 보이고 있다.

[표 4-8] 대중국 외국인직접투자 실질투자 10대국가

(단위: 억 달러, %)

순위	2005		2006		2007		2008		2009	
	지역. 국가	금액 (비중)	지역. 국가	금액 (비중)	지역. 국가	금액 (비중)	지역. 국가	금액 (비중)	지역. 국가	금액 (비중)
1	홍콩	179.5 (29.8)	홍콩	202.3 (32.1)	홍콩	277.0 (37.1)	홍콩	410.4 (44.4)	홍콩	460.8 (51.2)
2	버진아일랜드	90.2 (15.0)	버진아일랜드	112.5 (17.8)	버진아일랜드	165.5 (22.1)	버진아일랜드	159.5 (17.3)	버진아일랜드	113.0 (12.5)
3	일본	65.3 (10.8)	일본	46.0 (7.3)	한국	36.8 (4.9)	싱가포르	44.4 (4.8)	일본	41.0 (4.6)
4	한국	51.7 (8.6)	한국	38.9 (6.2)	일본	35.9 (4.8)	일본	36.5 (4.0)	싱가포르	36.0 (4.0)
5	미국	30.6 (5.1)	미국	28.7 (4.5)	싱가포르	31.8 (4.3)	케이맨제도	31.4 (3.4)	한국	27.0 (3.0)
6	싱가포르	22.0 (3.7)	싱가포르	22.6 (3.6)	미국	26.2 (3.5)	한국	31.4 (3.4)	케이맨제도	25.8 (2.9)
7	대만	21.5 (3.6)	대만	21.4 (3.4)	케이맨제도	25.7 (3.4)	미국	29.4 (3.2)	미국	25.5 (2.8)
8	케이맨제도	19.5 (3.2)	케이맨제도	21.0 (3.3)	사모아	21.7 (2.9)	사모아	25.5 (2.8)	사모아	20.2 (2.2)
9	독일	15.3 (2.5)	독일	19.8 (3.1)	대만	17.7 (2.4)	대만	19.0 (2.1)	대만	18.8 (2.1)
10	사모아	13.5 (2.2)	사모아	15.4 (2.4)	모리셔스	13.3 (1.8)	모리셔스	14.9 (1.6)	독일	12.2 (1.4)

자료원: 中國統計局, 中國統計年鑒 각 연도

이러한 투자원천국별 분포는 중국의 경제수준과 지리적 요건과 관련되어 있다. 홍콩, 일본, 한국, 싱가포르 등 국가는 중국과의 지리적 거리가 가깝고 문화차이도 작으므로 중국에 대한 투자가 많은 편이다. 그리고 중국정부가 제공하고 있는 외자혜택 정책에 따라 홍콩에 법인을 등록하고 대륙에 투자하는 기업들이 많다. 버진아일랜드의 경우 조세천국(Tax Heaven)의 지위를 이용한 투자와 대만계 자본, 또는 중국본토 자본이 외자혜택을 누리기 위한 위회투자가 많기 때문으로 판단된다.

4.2.5 투자형태별 FDI 현황

중국에서 외국인직접투자의 투자 방식은 주로 합자경영기업, 합작경영기업, 외자기업, 외상투자 주식제 기업 그리고 기타 등 6가지 형식으로 구분될 수 있다.

1997년에 합자경영기업은 외국인직접투자의 주된 투자 방식인데 총 계약 건수의 43%로서 9,001건, 총 실질투자 금액의 약 41%인 207.3억 달러를 차지하고 있다. 이는 주로 중국이 외국인직접투자를 유치하는 과정에서 특정지구와 특정산업에 한하여 투자를 허가하였고 조세상의 인센티브에서 외국투자법을 수정하였기 때문이다.

중국 시장경제체제의 점차적인 발전과 관세 우대정책, 소득세 우대정책 등 일련의 외자유치정책의 실행에 따라 외국의 독자기업방식의 투자 가 증가하기 시작하였다. 2010년에 합자경영기업 방식의 투자금액은 전체투자의 21.3%, 225억 달러를 기록한 반면, 외자기업(독자기업)은 76.6%, 809.8억 달러를 기록하였다. 계약건수의 경우도 합자경영기업이 18.1%, 4,970건뿐 이었고 외국독자기업은 80.6%, 22,085건이었다. 또한 외상투자주식제 투자방식은 1997년부터 시작하여 전체 투자에서 차지하는 비중이 매우 작지만 증가세를 나타내고 있다. 반면 합작개발의 추이는 불안전한 변동 후에 2005년부터는 투자기록이 없다.

[표 4-9] 형태별 대 중국 외국인직접투자 실질투자 현황

(단위: 억 달러, 건, %)

	합자경영기업		합작경영기업		외자기업		외상투자 주식제		합작개발		기타	
금액	금액 (비중)	계약 건수 (비중)	금액 (비중)	계약 건수 (비중)	금액 (비중)	계약 건수 (비중)	금액 (비중)	계약 건수 (비중)	금액 (비중)	계약 건수 (비중)	금액 (비중)	계약 건수 (비중)
1997	207.3 (40.7)	9001 (42.9)	120.7 (23.7)	2373 (11.3)	176.6 (34.6)	9602 (45.7)	1.5 (0.3)	6 (0.0)	4 (0.8)	19 (0.1)	-	-
1998	183.5 (40.4)	8107 (41.0)	97.2 (21.4)	2003 (10.1)	164.7 (36.2)	9673 (48.9)	7.1 (1.6)	9 (0.1)	1.8 (0.4)	7 (0.1)	0.4 (0.1)	-
1999	158.3 (39.3)	7050 (41.7)	82.3 (20.4)	1656 (9.8)	155.4 (38.5)	8201 (48.5)	2.9 (0.7)	3 (0.0)	3.8 (1.0)	5 (0.0)	0.4 (0.1)	3 (0.0)
2000	143.4 (35.2)	8378 (37.5)	66 (16.2)	1757 (7.9)	192.6 (47.3)	12196 (54.6)	1.3 (0.3)	8 (0.1)	3.8 (0.9)	8 (0.1)	-	-
2001	157.4 (33.6)	8893 (34.0)	62.1 (13.3)	1589 (6.1)	238.7 (50.9)	15643 (59.8)	5.3 (1.1)	11 (0.1)	5.1 (1.1)	3 (0.0)	0.1 (0.0)	1.0 (0.0)
2002	149.9 (28.4)	10380 (30.4)	50.6 (9.6)	1595 (4.7)	317.3 (60.2)	22173 (64.9)	7 (1.3)	19 (0.1)	2.7 (0.5)	4 (0.0)	-	-
2003	153.9 (28.8)	12521 (30.5)	38.4 (7.2)	1547 (3.8)	333.8 (62.4)	26943 (65.6)	3.3 (0.6)	37 (0.1)	0.3 (0.1)	8 (0.0)	5.3 (1.0)	25 (0.1)
2004	163.9 (27.0)	11570 (26.5)	31.1 (5.1)	1343 (3.1)	402.2 (66.3)	30708 (70.3)	7.8 (1.3)	43 (0.1)	1.1 (0.2)	-	0.2 (0.0)	-
2005	146.1 (24.2)	10480 (23.8)	18.3 (3.0)	1166 (2.7)	429.6 (71.2)	32308 (73.4)	9.2 (1.5)	47 (0.1)	-	-	-	-
2006	143.8 (22.8)	10223 (24.7)	19.4 (3.1)	1036 (2.5)	462.8 (73.4)	30164 (72.7)	4.2 (0.7)	50 (0.1)	-	-	-	-
2007	156 (20.9)	7649 (20.2)	14.2 (1.9)	641 (1.7)	572.6 (76.6)	29543 (78.0)	4.9 (0.7)	38 (0.1)	-	-	-	-
2008	173.2 (18.7)	4612 (16.8)	19 (2.1)	468 (1.7)	723.2 (78.3)	22396 (81.4)	8.6 (0.9)	38 (0.1)	-	-	-	-
2009	172.7 (19.2)	4283 (18.3)	20.3 (2.3)	390 (1.7)	686.8 (76.3)	18741 (80.0)	20.4 (2.3)	21 (0.1)	-	-	-	-
2010	225 (21.3)	4970 (18.1)	16.2 (7.2)	300 (6.0)	809.8 (76.6)	22085 (80.6)	6.5 (0.8)	51 (0.2)				

자료원: 中經網統計數據庫

4.3 중국내 FDI와 기술지표 현황

4.3.1. 중국내 FDI와 공업 부가가치 현황

[표 4-10] 중국의 연도별 FDI와 공업 부가가치 현황

(단위: 억 달러, %)

항목 연도	FDI		공업 부가가치		A/B	실질 GDP 성장율
	금액(A)	증가율	금액(B)	증가율		
1993	275.2	150.0	2,228.8	60.3	12.3	14.2
1994	337.7	22.7	1,705.6	-23.5	19.8	14.0
1995	375.2	11.1	1,849.6	8.4	20.3	13.1
1996	417.3	11.2	2,168.1	17.2	19.2	10.9
1997	452.6	8.5	2,392.7	10.4	18.9	10.0
1998	454.6	0.5	2,345.9	-2.0	19.4	9.3
1999	403.2	-11.3	2,605.0	11.0	15.5	7.8
2000	407.2	1.0	3,067.6	17.8	13.3	7.6
2001	468.8	15.1	3,422.7	11.6	13.7	8.4
2002	527.4	12.5	3,986.3	16.5	13.2	8.3
2003	535.1	1.4	5,073.1	27.3	10.5	9.1
2004	606.3	13.3	6,913.3	36.3	8.8	10.0
2005	603.3	-0.5	8,812.2	27.5	6.8	10.1
2006	630.2	4.5	11,424.7	29.6	5.5	10.2
2007	747.7	18.6	15,393.0	34.7	4.9	11.6
2008	924.0	23.6	19,808.7	28.7	4.7	11.9
2009	900.3	-2.6	22,354.9	12.9	4.0	9.0
2010	1057.4	17.4	26,678.1	19.3	4.0	10.1

자료원: 중국국가통계국

외국인직접투자 유입과 중국의 공업부문 부가가치 규모를 비교해보면 1993년 공업부문 부가가치에서 외국인직접투자 규모의 비중은 12.3%를 나타내고 있다. 이러한 비중의 추이는 1995년 20.3%까지 증가

하다가 그 이후에는 감소추세를 보이고 있다. 특히, 2002년 이후부터는 그 비중이 크게 감소하여 2010년 4.0% 수준을 유지하고 있다. 이러한 결과는 중국의 개방 초기 외국인직접투자 유입이 중국의 공업부문 부가가치 증대에 크게 기여하였지만, 기간이 경과함에 따라 중국 자체적인 공업발전에 의해 공업부문 부가가치에서 외국인직접투자의 비중이 감소함을 알 수 있다.

[표 4-11] 중국 동부, 중부, 서부지역에 대한 FDI와 공업 부가가치현황

(단위: 억 달러, %)

		2000	2002	2004	2006	2008
동부	FDI금액(A) (비중)	352.7 (86.6)	457.3 (86.7)	521.0 (85.9)	569.2 (90.3)	706.7 (76.5)
	공업부가가치(B) (비중)	1,976.8 (64.4)	2,619.2 (65.7)	4,464.4 (64.6)	7,495.7 (65.6)	12,334.3 (62.3)
	A/B	17.8	17.5	11.7	7.6	5.7
중부	FDI금액(A) (비중)	36.0 (8.8)	50.6 (9.6)	66.8 (11.0)	39.2 (6.2)	138.5 (15.0)
	공업부가가치(B) (비중)	673.0 (21.9)	831.5 (20.9)	1,299.1 (18.8)	2,318.9 (20.3)	4,308.3 (21.7)
	A/B	5.3	6.1	5.1	1.7	3.2
서부	FDI금액(A) (비중)	18.5 (4.6)	19.0 (3.6)	17.5 (2.9)	21.7 (3.5)	78.7 (8.5)
	공업부가가치(B) (비중)	417.8 (13.6)	535.6 (13.4)	1,149.8 (16.6)	1,610.1 (14.1)	3,166.1 (16.0)
	A/B	4.4	3.5	1.5	1.4	2.5

자료원: 중국국가상무부
동부지역 : 北京, 天津, 河北, 辽宁, 上海, 江苏, 浙江, 福建, 山东, 广东, 海南
중부지역 : 山西, 吉林, 黑龙江, 安徽, 江西, 河南, 湖北, 湖南
서부지역 : 内蒙古, 广西, 四川(重庆), 贵州, 云南, 陕西, 甘肃, 青海, 宁夏, 新疆, 西藏

이러한 현상은 중국의 각 지역별 외국인직접투자 유입규모와 각 지역의 공업부문 부가가치 현황에서도 그 특징을 알 수 있다. 중국 동부지역의 공업부문 부가가치에서 외국인직접투자의 비중은 2000년 17.8%에서 점차 감소하여 2008년에는 5.7% 수준을 나타내고 있지만 이러한 수치는 년도별 중국전체 공업부문 부가가치에서 외국인직접투자의 비중이 차지하는 것 보다는 높음을 알 수 있다. 즉, 동부지역에 대한 외국인직접투자는 동 지역의 공업부문 부가가치에서 기여하는 바가 중부나 서부지역에 비해 높음을 알 수 있다. 반면, 중부지역과 서부지역은 그 지역의 공업부문 부가가치에 외국기업이 기여하는 것 보다 현지 국내기업이 기여하는 바가 크다는 것을 알 수 있다.

4.3.2 중국내 국내기업과 외국인투자기업의 공업기술지표

[표 4-13]에서 볼 수 있는 바와 같이 외국인투자기업은 중국 공업발전에 지대한 공헌을 하였다. 즉 국내 자본부족문제 해결, 무역발전 및 무역구조 개선, 고용창출, 국가 재정수입 증대에 크게 기여하였다. 외국인투자기업을 화교계기업인 홍콩, 마카오, 대만의 기업과 그 외 국가 기업으로 구분해 살펴볼 때 공업 부가가치, 총자산과 제품판매수익 등에서 화교계기업보다 그 외 국가의 기업들의 지표가 매우 큼을 알 수 있다.

반면, 기업개수와 연평균취업자 지표를 보면, 2001년부터 2004년 기간 동안 홍콩, 마카오, 대만계 기업이 그 외 국가의 투자기업보다 높다. 그러나 2005-2008년의 기간 동안 이러한 추세는 변화되었다. 즉, 홍콩, 마카오, 대만계 투자기업보다 그 외 외국인 투자기업들의 기업 개수, 공업부가가치, 총자산, 판매액과 연평균취업자수 등 지표는 점차 높아지고 있다. 또한 그 외 외국인투자기업의 기업규모는 홍콩, 마카오, 대만의 투자기업보다 클 뿐만 아니라 1인당 공업부가가치, 자산 및 제품판매수익지표도 홍콩, 마카오, 대만의 투자기업보다 많다는 것을 알 수 있다.

[표 4-12] 국내기업의 공업기업기술지표1

(단위: 개, 억 위안, 만명)

지표 \ 년도	기업 수	공업 부가가치	총 자산	판매액	연평균취업자
2001	139,833	21,201	107,048	67,711	4,502
2002	147,091	24,422	114,704	78,296	4,466
2003	157,641	30,391	129,547	99,564	4,490
2004	162,298	38,176	159,758	133,803	4,867
2005	215,448	51,718	180,476	169,980	4,996
2006	241,089	65,530	214,106	214,656	5,240
2007	269,312	84,919	256,670	274,219	5,522
2008	348,266	102,263	319,161	353,407	6,258

자료원: ≪중국공업경제통계연감≫ 각년호, ≪2004년 중국경제조사연감≫

[표 4-13] 외국기업의 공업기업기술지표1

(단위: 억 위안, 개, 만명)

년도	기업 개수		공업 부가가치		총 자산		판매액		연평균취업자	
	T	O	T	O	T	O	T	O	T	O
2001	18,257	13,166	3,181	3,947	12,635	15,720	11,143	14,879	538	401
2002	19,546	14,920	3,746	4,827	13,628	17,886	12,897	18,292	599	455
2003	21,152	17,429	4,681	6,919	16,219	23,042	16,754	26,854	700	558
2004	28,399	28,766	6,023	10,608	20,918	34,683	23,067	35,685	893	863
2005	27,559	28,828	7,473	12,995	23,875	40,434	27,455	51,109	945	955
2006	29,181	31,691	8,918	16,628	27,291	49,818	32,956	65,980	1,031	1,087
2007	31,949	35,507	11,240	20,890	34,071	62,296	41,456	84,042	1,109	1,244
2008	35,578	42,269	12,191	23,120	39,129	73,015	50,111	96,503	1,205	1,373

자료원: ≪중국공업경제통계연감≫ 각년호, ≪2004년 중국경제조사연감≫
T: 홍통, 대만, 마카오기업 O: 기타 외국인 기업

[표 4-12]와 [표 4-13]에서 볼 수 있는 바와 같이 2001년부터 2002년 기간 동안 중국 국내기업의 전체 노동생산성은 외국인투자기업보다 상대적으로 낮다는 것을 알 수 있다. 또한 홍콩, 마카오, 대만계 투자기업의

노동생산성은 그 외 외국인투자기업보다 낮다. 그러나 2003년부터 2008년 기간 동안에서 국내기업의 노동생산성은 홍콩, 마카오, 대만계 투자기업보다 점차 높아졌지만 여전히 그 외 국가의 투자기업보다 낮다는 것을 알 수 있다. 최근에 중국 국내기업의 노동생산성은 뚜렷하게 향상되어 외국인투자기업의 노동생산성과의 기술격차가 감소되었다. 그러나 중국 국내기업의 노동생산성은 아직도 홍콩, 마카오, 대만 투자기업보다 그 외 외국인투자기업의 노동생산성과는 상당한 격차가 존재한다.

[표 4-14] 국내기업의 공업기업기술지표2

(단위: 위안/인, %)

지표 년도	공업 부가가치율	총 자산기여율	노동생산율	판매율
2001	31.07	8.67	47,088	97.62
2002	31.18	9.17	54,680	97.91
2003	31.04	10.21	67,687	97.95
2004	30.98	11.09	84,261	98.05
2005	30.11	12.27	103,514	98.16
2006	30.27	13.18	125,049	97.96
2007	30.6	14.65	153,783	98.14
2008	30.89	15.84	178,963	98.38

자료원: ≪중국공업경제통계연감≫ 각년호, ≪2004년 중국경제조사연감≫

또한 총 자산기여율과 제품판매율 지표를 살펴보면 기타 외국인투자기업은 홍콩, 마카오, 대만의 투자기업보다 높지만, 공업 부가가치율의 경우 기타 외국인투자기업은 홍콩, 마카오, 대만의 투자기업보다 낮다는 것을 알 수 있다. 공업 부가가치율은 부가가치액과 그 기간 동안의 판매액과의 비율인데 공업생산의 경제효율 수준으로 나타나고 있다. 즉, 기타 외국인투자기업의 경제효율수준이 홍콩, 마카오, 대만의 투자기업보다 낮다는 것이다.

위의 공업부문의 경제지표에 대한 분석결과 홍콩, 마카오, 대만의 투자기업과 그 외 국가의 투자기업 사이에는 뚜렷한 기술격차가 있다는 결론을 내릴 수 있다. 즉, 기업규모와 노동생산성 등 지표에서 그 외 외국인투자기업은 홍콩 · 마카오 · 대만의 투자기업보다 높으며 기타지표를 보면 그 외 국가의 투자기업은 홍콩, 마카오, 대만의 투자기업보다 낮다는 것을 알 수 있다.

[표 4-15] 외국기업의 공업기업기술지표2

(단위: 위안/인, %)

지표 / 년도	공업 부가가치율[16]		총 자산기여율		노동생산율		판매율	
	T	O	T	O	T	O	T	O
2001	26.85	25.67	8.68	10.74	59,133	98,413	97.13	98.04
2002	27.4	25.69	9.35	11.3	62,508	106,075	97.8	98.64
2003	28.86	25.68	9.68	12.71	66,847	123,891	97.78	98.43
2004	27.38	25.56	9.72	11.35	71,236	130,589	97.89	98.43
2005	26.39	25.21	9.71	11.05	79,098	136,094	97.57	98.42
2006	26.41	25.07	10.97	11.83	86,547	153,022	97.65	98.31
2007	26.5	24.52	11.77	13.04	101,352	167,926	97.97	98.21
2008	26.87	24.69	12.05	12.98	121,483	179,527	98.03	98.32

자료원: ≪중국공업경제통계연감≫ 각년호, ≪2004년 중국경제조사연감≫
T: 홍통, 대만, 마카오기업 O: 기타 외국인 기업

16) 일정 기간 동안 기업이 창출해 낸 부가가치액과 그 기간 동안의 판매액과의 비율인데, 판매 부가가치율이라고도 한다.

제5장

실증분석

5.1 지역별 중국내 FDI의 기술파급효과에 대한 실증분석[17)]

5.1.1 분석모형의 설정

본 연구에서는 중국에 대한 외국인직접투자의 기술파급효과를 분석하기 위해서는 Aitken & Harrison(1999)과 Kim & Kim(2010)이 가정한 다음과 같은 표준적인 콥-더글러스생산함수를 설정하였다.

$$Y = AK^{\alpha}L^{\beta} \tag{1}$$

여기에서 Y는 산출량, A는 총 요소생산성, K는 자본스톡, L은 노동투입을 의미한다.

17) 본 절(5.1)의 내용은 학위논문을 작성하기 전에 사전 연구 발표한 최백렬, 맹경뢰, 유찬확(2011), "중국에 대한 외국인직접투자의 기술파급 효과 요인에 관한 실증분석", 국제통상연구 제16권 제4호, pp.33-61의 논문을 수정 보완하여 재정리한 내용임

α는 투입자본량에 대한 생산탄력성, β는 투입노동량에 대한 생산탄력성을 의미한다.

양쪽에 노동투입(L)으로 나누고 로그를 취하면 다음과 같은 식을 나타낼 수 있다:

$$LOG(\frac{Y}{L}) = LOGA + \alpha LOG(\frac{K}{L}) \tag{2}$$

여기서 LOG(Y/L)은 본 연구에서 취업자 수 대비 부가가치(LOG(LP))를 나타낸다. 총 요소생산성 A는 FDI와의 함수관계가 있다는 Aitken & Harrison(1999), Kim & Kim(2010)의 연구에 따라 다음과 같이 표현할 수 있다.

$$\text{LOGA} = \text{f(LOGFDI, X)} \tag{3}$$

X는 통제변수(control variables)(기업규모, 인력자본 등)이다.

(3)식을 (2)식에 대입하면 다음과 같은 식으로 나타낼 수 있다:

$$LOG(\frac{Y}{L}) = \alpha_1 LOG(\frac{K}{L}) + \alpha_2 LOG(FDI) + \alpha_3 LOG(X) \tag{3-1}$$

식 (3-1)을 추정한 방정식은 다음과 같아.

$$\begin{aligned} LOG(LP_d)_{jt} = {} & \alpha_0 + \alpha_1 LOG(LP_f)_{jt} + \alpha_2 LOG(K_d/L_d)_{jt} + \alpha_3 (LQ_d)_{jt} \\ & + \alpha_4 LOG(SCALE_d)_{jt} + \alpha_5 LOG(RD_d)_{jt} + \alpha_6 T_d T_{f_{jt}} + \alpha_7 FDIZ_{jt}(FDIP_{jt}) \\ & + \alpha_8 FDIZT_{jt}(FDIZO_{jt}, FDIPT_{jt}, FDIPO_{jt}) + \epsilon_0 \end{aligned} \tag{3-2}$$

위식에서 d는 국내기업, f는 외국인투자기업, j는 각성 · 시, t는 년도를 의미한다. 변수에 대한 설명은 [표 5-1]에 정리하였다.

본 연구는 식 (3-2)의 기본 추정모형을 Kokko(1996)과 Archanun Kohpaiboon(2005)의 연구에서 사용한 것처럼18) 연립방정식모형으로 확장하여 추정한다. 위 모형에서 성명변수에 있는 LP_f는 기업 간 경쟁관계를 통제하기 위하여 도입되었는데 만약 국내기업의 노동생산성이 외국인투자기업의 노동생산성에 영향을 미친다면 내생성 편이(endogenous bias) 문제에 직면하게 되어 비일치추정량(inconsistent estimator)을 얻게 된다. 따라서 본 연구에서는 식(4), 식(5)과 같이 연립방정식모형을 설정하여 추정하고자 한다.

$$\begin{aligned} LOG(LP_d)_{jt} = {} & \alpha_0 + \alpha_1 LOG(LP_f)_{jt} + \alpha_2 LOG(K_d/L_d)_{jt} + \alpha_3 (LQ_d)_{jt} \\ & + \alpha_4 LOG(SCALE_d)_{jt} + \alpha_5 LOG(RD_d)_{jt} + \alpha_6 T_d T_{f_{jt}} + \alpha_7 FDIZ_{jt}(FDIP_{jt}) \\ & + \alpha_8 FDIZT_{jt}(FDIZO_{jt}, FDIPT_{jt}, FDIPO_{jt}) + \epsilon_0 \end{aligned} \tag{4}$$

$$\begin{aligned} LOG(LP_f)_{jt} = {} & \beta_0 + \beta_1 LOG(LP_d)_{jt} + \beta_2 LOG(K_f/L_f)_{jt} + \beta_3 (LQ_f)_{jt} \\ & + \beta_4 LOG(SCALE_f)_{jt} + \beta_5 LOG(RD_f)_{jt} + \epsilon_1 \end{aligned} \tag{5}$$

본 연구에서는 중국내 외국인직접투자의 기술파급효과를 분석하기 위

---

18) Kokko(1996)는 FDI의 기술파급효과를 교육과 전시효과를 통한 파급효과와 경쟁을 통한 파급효과로 구분하였다. 또한 교육과 전시효과를 통한 파급효과와 외국인직접투자 규모 사이에 비례관계가 존재한다고 가정하고, 경쟁을 통한 파급효과는 국내기업과 외국인투자기업의 상호경쟁 작용의 결과라고 가정하여 1970년 멕시코 산업의 패널자료를 이용하여 국내기업과 외국인투자기업이 상호작용하는 연립방정식모형을 구축하였다. 즉, 현지기업과 외국투자기업의 노동생산성을 각각 종속변수와 독립변수로, 현지기업과 외국투자기업의 자본집약도(K/L), 외국인직접투자의 점유율(FDI), 기업규모(SCALE), 인적자본(LQ)과 연구개발(R&D) 변수로 연립방정식모형을 구축하여 현지기업과 외국인투자기업의 상호작용을 분석하였다. 분석결과 외국인직접투자에 의한 기술파급효과 외에도 현지기업과 외국인투자기업간의 경쟁을 통하여 서로 영향을 줄 수 있다는 것을 밝혔다.

해 사용된 종속변수는 중국 각성시의 연도별 공업부문[19] 국내기업 취업자 수 대비 부가가치(LP_d)와 외국기업 취업자 수 대비 부가가치(LP_f)를 이용하였다(Samuel Mulenga Bwalya, 2006). 그리고 각 독립변수에 대한 설명은 다음과 같다.

1) 경쟁효과(LP_f와 LP_d)

외국인직접투자의 기술파급효과는 현지 시장의 경쟁환경에 영향을 받는다. 즉, 외국기업이 현지시장에 진입함으로써 현지시장은 경쟁이 심화되고 이러한 경쟁과정에서 현지기업은 외국투자기업으로부터 기술을 습득하게 된다. 또한 이러한 경쟁이 치열할수록 다국적기업내(intra-firm : 모기업에서 자회사로) 국제기술이전 속도도 빨라지고 현지기업으로의 기술파급효과는 더 명확하게 나타날 수 있다.

본 연구에서는 중국 국내기업과 외국인투자기업간의 상호경쟁을 통한 나타난 기술 파급효과를 분석하기 위하여 중국 각성시의 연도별 공업부문 국내기업과 외국인투자기업의 취업자 수 대비 각 기업의 공업 부가가치를 이용하였다(Archanun Kohpaiboon, 2005).

2) 기술 습득능력(자본, 인적자본, 기업규모, R&D)

FDI의 기술파급효과는 반드시 나타나는 것이 아니라 일정한 조건과 환경을 필요로 하며 그러한 조건과 환경으로서 현지국의 습득능력이 중요한 변수로 작용하고 있다. 현기국의 기술 습득능력으로는 기업의 자본집약도, 기업의 인적자본 수준, 기업 규모 그리고 R&D지출규모 변수 등

---

19) 공업부문은 채굴업, 제조업, 전기업, 가스와 물의 생산업과 건축업을 포함함.

국민적 과학기술 잠재력이 고려되고 있다(최백렬, 2004).

본 연구에서는 중국 국내기업의 기술습득 능력을 분석하기 위하여 시장규모 변수로서 기업규모 $SCALE_d$(각성시의 연도별 공업부문 국내기업 수 대비 국내기업의 제품매출액), 자본집약도 K_d/L_d(각성시의 연도별 공업부문 국내기업의 취업자 수 대비 국내기업의 고정 자산 총액), 인적자본 LQ_d(각성시의 연도별 공업부문 국내기업 취업자 수 대비 국내기업의 과학기술자 수), R&D변수로 RD_d(각성시의 연도별 공업부문 국내기업 취업자 수 대비 국내기업의 R&D 지출액)을 이용하였다.

또한 외국기업에 대한 기술파급효과의 영향을 파악하기 위하여 시장규모 SCALEf(각성시의 연도별 공업부문 외국기업 개수 대비 외국기업의 제품매출액), 자본집약도 K_f/L_f(각성시의 연도별 공업부문 외국기업 취업자 수 대비 외국투자기업의 고정자산 총액), 인적자본 LQ_f(각성시의 연도별 공업부문 외국투자기업 취업자 수 대비 외국기업의 과학기술자 수), R&D변수로 RD_f(각성시의 연도별 공업부문 외국투자기업 취업자 수 대비 외국기업의 R&D 지출액)을 이용하였다(Barrios, 2000; Driffield, 2001).

3) 기술격차(TDTF : LP_f/LP_d)

선행 연구에서 살펴본 바와 같이 투자국과 현지국의 기술격차는 외국인직접투자의 기술파급효과에 다양한 영향을 미친다. 본 연구에서는 기술격차와 외국인직접투자기의 기술파급의 관계를 파악하기 위하여 중국 각성시의 연도별 공업부문 국내기업 노동생산성(각성시의 연도별 국내기업의 취업자 수 대비 국내기업의 공업 부가가치) 대비 외국투자기업의 노동생산성(각 성시의 연도별 외국투자기업 취업자 수 대비 외국투자기업의 공업 부가가치)을 이용하였고 부(-)의 상관관계를 예상하고 있다 (Findlay, 1978; Kokko, 1994).

4) 외국기업의 현지시장 개입정도(FDIZ 또는 FDIP)

Kokko(1996)의 연구에서 살펴본 바와 같이 현지국 경제에 외국기업의 개입정도도 기술파급효과에 영향을 미치게 된다. 이에 대한 분석을 하기 위해 본 연구에서는 FDIZ는 중국 각성시의 연도별 공업부문 자산총액 대비 각성시의 외국투자기업의 자산 총액, FDIP는 각성시의 연도별 공업부문 총취업자 수 대비 각성시의 외국투자기업의 취업자 수를 나타낸다. 외국인직접투자에 의한 기술파급효과는 외국기업이 현지국 시장에 개입하는 정도에 따라 영향이 달리 나타날 수 있다.

5) FDI의 이질성(異質性)

FDI의 진입방식, 투자기업의 동기 및 투자원천국별로 기술파급효과는 달라질 수 있다. Javorcik, Saggl & Spatareanu(2004)의 연구는 루마니아에 대한 외국인직접투자에 대하여 아메리카, 아시아, 유럽 등 3개 투자원천국가별로 나누어 기술파급효과를 분석하였다. 분석결과 유럽의 투자와 루마니아의 상위기업의 생산성은 부의 상관관계였지만 아메리카와 아시아의 외국인직접투자와 현지국 상위기업의 생산성은 정의 상관관계가 있다는 것을 발견하였다.

이러한 이유는 선진 서유럽계 기업의 기술수준은 높아 루마니아에서 습득하기에 어려움이 많고 아프리카와 아시아계기업의 기술수준은 중위의 기술로서 루마니아가 기술을 습득하기에 유리하기 때문으로 판단된다.

[표 5-1] 변수의 정의 및 출처

	변수		정의	단위	출처	기대부호
종속변수	LP_d		국내기업의 취업자 수 대비 부가가치	위안/명	중국공업경제통계연감 중국경제조사연감	
	LP_f		외국인기업의 취업자 수 대비 부가가치	위안/명	중국공업경제통계연감 중국경제조사연감	
독립변수	경쟁관계	LP_d	국내기업의 취업자 수 대비 부가가치	위안/명	중국공업경제통계연감 중국경제조사연감	+
		LP_f	외국인기업의 취업자 수 대비 부가가치	위안/명	중국공업경제통계연감 중국경제조사연감	+
	기술 습득능력	K_d/L_d	국내기업의 취업자 수 대비 고정자산 총액	위안/명	중국공업경제통계연감 중국경제조사연감	+
		K_f/L_f	외국인기업의 취업자 수 대비 고정자산 총액	위안/명	중국공업경제통계연감 중국경제조사연감	+
		$SCALE_d$	국내기업 개수 대비 제품매출금액	위안/개	중국공업경제통계연감 중국경제조사연감	+
		$SCALE_f$	외국인기업의 개수 대비 제품 매출 금액	위안/개	중국공업경제통계연감 중국경제조사연감	+
		LQ_d	국내기업의 취업자 수 대비 과학기술자 수	%	중국공업경제통계연감 중국경제조사연감 중국과학기술통계연감	+
		LQ_f	외국인기업의 취업자 수 대비 과학기술자 수	%	중국공업경제통계연감 중국경제조사연감 중국과학기술통계연감	+
		RD_d	국내기업의 취업자 수 대비 R&D 지출	위안/명	중국공업경제통계연감 중국경제조사연감 중국과학기술통계연감	+
		RD_f	외국인기업의 취업자 수 대비 R&D 지출	위안/명	중국공업경제통계연감 중국경제조사연감 중국과학기술통계연감	+
	기술격차	T_dT_f	국내기업의 노동생산성 대비 외국인기업의 노동생산성	%	중국공업경제통계연감 중국경제조사연감	-
	외국기업의 개입정도	FDIZ	자산총액 대비 외국인기업의 자산총액	%	중국공업경제통계연감 중국경제조사연감	?
		FDIP	총취업자 수 대비 외국인기업의 취업자 수	%	중국공업경제통계연감 중국경제조사연감	?
	FDI 이질성	FDIZT	자산총액 대비 홍콩, 마카오, 대만기업의 자산 총액	%	중국공업경제통계연감 중국경제조사연감	?
		FDIZO	자산총액 대비 기타외국인기업의 자산총액	%	중국공업경제통계연감 중국경제조사연감	?
		FDIPT	총취업자 수 대비 홍콩, 마카오, 대만기업의 취업자 수	%	중국공업경제통계연감 중국경제조사연감	?
		FDIPO	총취업자 수 대비 기타외국인기업의 취업자 수	%	중국공업경제통계연감 중국경제조사연감	?

주) 1. 2004년의 경우 중국공업경제통계연감이 발간되는 대신 중국경제조사연감이 발간되어 2004년의 경우에만 중국경제조사연감 자료를 이용하였음. 과학기술자 수와 R&D 지출규모는 중국과학기술통계연감의 자료를 이용하였음.

2. 사용된 변수들은 모두 명목변수임.

Hu & Jefferson(2002)의 연구는 중국 전자산업과 방직산업의 자료를 이용하여 홍콩, 마카오, 대만의 투자와 OECD회원국의 투자에 의한 기술파급효과를 분석한 결과 OECD회원국의 투자는 현지국 기업의 생산성에 부정적인 효과를 나타낸다는 결론을 내렸다. 이러한 이유로 OECD회원국 기업이 높은 기술수준과 시장에서의 경쟁이 치열하기 때문이라고 지적하고 있다.

본 연구에서는 같은 언어와 문화를 공유하는 화교기업과 기타 국가의 기업의 투자가 중국 현지국으로의 기술파급효과에 상이한 영향을 미칠 것을 예상하여 대만, 홍콩, 마카오 기업과 그 외 기타국가의 기업으로 나누어 분석하였다.

분석에서는 중국에 대한 외국인직접투자의 이질성을 고찰하기 위하여 각성시의 연도별 공업부문 자산총액 대비 각성시의 홍콩, 마카오, 대만기업의 자산 총액(FDIZT), 각성시의 연도별 공업부문 자산총액 대비 각성시의 기타 외국인투자기업의 자산총액(FDIZO), 각성시의 연도별 공업부문 총취업자 수 대비 각성시의 홍콩, 마카오, 대만기업의 취업자 수(FDIPT)와 각성시의 연도별 공업부문 총취업자 수 대비 각성시의 기타 외국인투자기업의 취업자 수(FDIPO)를 이용하였다.

5.1.2 분석 방법 및 분석모형의 검정

1) 분석 방법

일방통행 혹은 단일방향으로 인과 관계가 흐른다는 가정이 무의미한 상황이 존재하고 있다. Y가 X들에 의하여 결정되고 X들의 일부가 역으로 Y에 의하여 결정되는 경우가 발생할 수 있는 것이다. 즉, Y와 X들은 종속변수와 설명변수로서 분명히 식별이 가능하다고 말하는 것이 불가능한 쌍방으로의 혹은 연립적 상관관계가 존재할 수 있는 것이다. 다른 변수들에 의해 결정되는 변수집단을 총괄하여 처리하는 좋은 방안으로 연립방정식 모형이 이용되고 있다. 그와 같은 연립방정식 모형에서는 1개 이상의 방정식이 있게 되는데, 상호의존적 또는 연립적으로 의존되어 있는 또는 내생변수들 각각에 대하여 하나의 방정식이 존재한다(박완규, 홍성표, 2009).[20]

그래서 단일방정식과는 달리 연립방정식 체계에서는 연립방정식 체계의 다른 방정식에 나타나는 변수들을 고려하지 않고서는 한 방정식의 모수를 추정할 수 없을 수도 있다.

본 연구에서는 중국내 외국인직접투자의 기술파급효과를 분석하기 위하여 국내기업과 외국인투자기업 상호의존적 패널 연립방정식 체계를 구축하고 이에 대하여 패널데이터 연립방정체계의 2SLS(Two-stage least squares)의 분석방법을 사용하였다. LOG은 로그를 취한 값을 의미하며 패널분석이기 때문이 j는 각 성을 의미하고 t는 당기의 값을 이용하였다.

분석기간은 2001년부터 2008년까지이며 30개 省 · 市에 대한 분석으로 관측치는 240이 된다.

2) 분석모형의 검정

연립방정식 모형의 식별을 위하여 위수조건(Order Condition)[21]과 계

20) 연립방정식 모형에서 상호의존적으로 결정되는 변수를 내생변수(endogenous variables)라고 지칭한다.

21) M개의 연립방정식 모형에서 한 방정식이 식별되려면 그 방정식이 모형에 나타나 있는 적어도 M-1개의 변수(내생변수 및 선결변수)를 배제하여야 한다. 정확히 M-1개의 변수를 배제한다면, 그 방정식은 적도식별된다. M-1보다 많은 변수를 배제한다

수조건(Rank Condition)[22]의 검정결과로부터 연립방정식 모형은 식별되는 것으로 판단할 수 있다. 패널 데이터 연립방정식의 연립성(Simultaneity)을 검정하기 위하여 다음과 같은 방정식을 설립하였다:

$$\begin{aligned} LOG(LP_d)_{jt} = {} & \alpha_0 + \alpha_1 LOG(LP_f)_{jt} + \alpha_2 LOG(K_d/L_d)_{jt} + \alpha_3 (LQ_d)_{jt} + \alpha_4 LOG(SCALE_d)_{jt} \\ & + \alpha_5 LOG(RD_d)_{jt} + \alpha_6 T_d T_{f_{jt}} + \alpha_7 FDIZ_{jt}(FDIP_{jt}) \\ & + \alpha_8 FDIZT_{jt}(FDIZO_{jt}, FDIPT_{jt}, FDIPO_{jt}) + \theta_1 \gamma_1 + \epsilon_0 \end{aligned} \tag{6}$$

$$\begin{aligned} LOG(LP_f)_{jt} = {} & \beta_0 + \beta_1 LOG(LP_d)_{jt} + \beta_2 LOG(K_f/L_f)_{jt} + \beta_3 (LQ_f)_{jt} \\ & + \beta_4 LOG(SCALE_f)_{jt} + \beta_5 LOG(RD_f)_{jt} + \theta_2 \gamma_2 + \epsilon_1 \end{aligned} \tag{7}$$

식(6)과 식(7)에서 나타난 ɤ1과 ɤ2는 각각 식(5)과 식(4)의 유도형방정식의 잔차이다. Geroski(1982)의 연구에 따르면 만약 유도형방정식의 잔차가 통계적으로 유의한다면 LOG(LP_f)과 LOG(LP_f)는 내생적이고 방정식의 연립성이 성립될 수 있다.

유도형 방정식의 잔차 검정결과는 [표 5-2]로 제시하였다. 모형1,2는 FDIZ를 이용한 방정식이고 모형3,4는 FDIP를 이용한 방정식이고 모형5,6는 FDIPT, FDIPO를 이용한 방정식이고 모형7, 8은 FDIZT. FDIZO를 이용한 방정식이다(〈부록모형 1〉 참조). 위의 검정결과에서 FDIZ, FDIZT, FDIZO를 이용할 때 유도형방정의 잔차(γ_1,γ_2)는 모두 통계적으로 유의함으로 LOG(LP_f)과 LOG(LP_d)는 내생적이며 FDIP, FDIPT,

---

면, 그 방정식은 과다식별된다.

22) M개의 내생변수들이 있고 M개의 방정식으로 구성된 모형으로부터 임의의 한 방정식은 다음의 경우에 한해서만 식별이 가능하다. 식별의 대상이 되는 방정식에는 포함되어 있지 않으나, 체계 속 여타의 방정식에는 포함되고 있는 변수들의(내생변수와 선결변수)계수로부터 행렬식의 값이 0이 아닌 (M-1)(M-1) 크기의 행렬을 도출해 낼 수 있는 경우 이다.

FDIPO를 이용할 때 γ_1는 통계적으로 유의하지만 γ_2는 통계적으로 유의하지 않으므로 LOG(LP_f)는 내생적으로 판단할 수 있다. 즉 FDIP, FDIPT, FDIPO 변수를 이용하여 외국인직접투자의 기술파급에 대한 분석결과를 보고할 때 LOG(LP_d)로 종속변수 분석결과만 제시하면 된다.

[표 5-2] 유도형방정식의 잔차 검정결과

지표	유의수준	지표	유의수준
모형1(γ_1)	0.0014	모형5(γ_1)	0.0176
모형2(γ_2)	0.0001	모형6(γ_2)	0.3574
모형3(γ_1)	0.0265	모형7(γ_1)	0.0449
모형4(γ_2)	0.1362	모형8(γ_2)	0.0021

5.1.3 분석결과

분석에 사용된 각 변수들의 기초통계 분석 결과는 [부표 1]과 같고 각각의 분석에 사용된 독립변수들 간 상관정도를 파악하기 위한 피어슨 통계량은 [부표 2], [부표 3], [부표 4]로 제시하였다.

본 연구는 중국 국내기업과 외국인투자기업이 상호작용하는 패널 연립방정식을 세워 2SLS 시스템 분석방법을 이용하여 외국인직접투자의 기술파급효과에 대하여 분석하였다.

[표 5-3]과 [표 5-4]는 외국인직접투자에 의한 중국내 기술파급효과를 분석하기 위해 각 독립변수와 국내기업 취업자 1인당 국내기업 공업 부가가치를 나타내는 종속변수 사이의 관계를 분석하였다. 그 중 외국기업의 시장개입 정도와 원천투자국에 따른 외국인직접투자의 중국내 기술파급효과를 분석하기 위해 [표 5-3]은 외국인투자기업의 자산비중을 이용

한 결과이고 [표 5-4]는 외국인투자기업의 취업자비중 변수를 이용하여 분석한 결과이다.

그리고 [표 5-5]는 외국투자기업과 국내기업과의 경쟁관계에 의해 외국인투자기업의 노동생산성 효과를 측정한 결과이다.

모형A와 모형B는 FDIZ, FDIZT, FDIZO(자산총액을 이용) 변수를 이용한 중국 국내기업의 기술파급효과에 대한 회귀분석이고 모형C와 모형D는 FDIP, FDIPT, FDIPO(취업자 수를 이용) 변수를 이용한 중국 국내기업의 기술파급효과에 대한 회귀분석이다. 그리고 모형E와 모형F는 FDIZ, FDIZT, FDIZO(자산총액을 이용) 변수를 이용하여 도출한 모형A와 모형B의 연립방정식이며 외국인투자기업의 기술파급효과에 대한 분석을 나타낸다. FDIP, FDIPT, FDIPO(취업자 수를 이용) 변수를 이용하여 분석할 때 중국 국내기업의 기술파급효과의 분석결과만 제시하면 된다(이러한 이유는 본 연구 분석모형의 검정부분에서 설명하였음). 모형A, 모형B, 모형C, 모형D, 모형E, 모형F에 대한 회귀방정식은 〈부록모형2〉에서 제시하였다.

[표 5-3]과 [표 5-4]의 회귀분석결과에서 경쟁관계(LP_f)에 의한 기술파급효과는 서부지역을 제외하고 모든 분석결과 정의 상관관계를 보이고 있다. 즉, 중국에 대한 외국인직접투자는 중국 국내기업과의 경쟁이 심할수록 기술파급효과는 크다는 것을 알 수 있었고[23] 다만 서부지역의 경우에는 외국인직접투자 규모가 많지 않아 경쟁관계가 성립되지 않은 결과로 보여 진다. 그리고 동부지역의 경우 그 효과가 가장 크게 나타나고 있다.

---

23) Blomstrom(1986)의 멕시코 FDI의 기술파급효과에 대한 분석결과도 기술파급효과의 중요한 요인은 다국적 기업과 현지 기업 간의 치열한 경쟁을 통하여 현지기업의 생산성이 향상된다는 결론을 내리고 있다.

[표 5-3] 중국 국내기업에 대한 분석결과 1(자산총액 이용)

모형 / 독립변수	전국		동부지역		중부지역		서부지역	
	모형A	모형B	모형A	모형B	모형A	모형B	모형A	모형B
Constant	-3.849*** (-6.843)	-3.943*** (-7.162)	0.002 (0.005)	-0.032 (-0.081)	-4.695*** (-7.054)	-5.045*** (-6.748)	-5.797*** (-4.013)	-5.896*** (-3.986)
$LOG(LP_f)$	0.262*** (3.305)	0.320*** (3.775)	0.860*** (15.555)	0.899*** (15.794)	0.553*** (4.158)	0.495*** (3.277)	0.086 (0.485)	0.071 (0.987)
$LOG(K_d/L_d)$	0.280*** (6.438)	0.284*** (6.683)	0.034 (0.997)	0.028 (0.848)	0.149 (1.481)	0.171 (1.595)	0.527*** (4.489)	0.522*** (4.392)
$LOG(RD_d)$	0.256*** (5.814)	0.253*** (5.844)	0.066** (2.241)	0.066** (2.286)	0.035 (0.554)	0.060 (0.871)	0.192* (1.737)	0.201* (1.766)
LQd	-0.041*** (-3.840)	-0.043*** (-4.137)	-0.020*** (-2.874)	-0.021*** (-3.042)	0.028 (1.676)	0.028 (1.611)	-0.007 (-0.246)	-0.010 (-0.353)
$LOG(SCALE_d)$	0.387*** (7.384)	0.357*** (6.585)	0.067** (2.146)	0.049 (1.526)	0.424*** (7.653)	0.453*** (7.285)	0.451*** (2.993)	0.465*** (2.959)
T_dT_f	-0.166*** (-6.989)	-0.176*** (-7.289)	-0.574*** (-22.108)	-0.575*** (-22.854)	-0.315*** (-7.049)	-0.285*** (-5.223)	-0.085** (-0.212)	-0.086** (-2.217)
FDIZ	0.002 (1.593)		0.002*** (2.913)		0.015*** (3.399)		0.012 (1.204)	
FDIZT		0.006*** (2.868)		0.003*** (2.851)		0.023*** (3.092)		0.025 (0.826)
FDIZO		-0.002 (-0.873)		0.001 (0.459)		0.009 (1.589)		0.008 (0.706)
Adjusted R-squared	0.889	0.894	0.979	0.980	0.968	0.867	0.862	0.859

1) *,**,***는 각각 10%, 5%, 1%의 유의수준을 나타냄
2) 각 변수의 괄호 안 수치는 t-값을 나타냄

자본집약도(K_d/L_d)의 경우에는 중국전체에 대한 분석결과에서 정의 상관관계를 나타내고 있고, 즉 기타 통제변수들이 일정할 때 중국 국내기업의 자본집약도가 1%를 증가하면 중국 기업의 노동생산성이 0.284%를 증가한다는 것을 의미한다.

그러나 동부지역과 중부지역은 통계적으로 유의하지 않았고 다만 서부지역의 경우에는 통계적으로 유의하며 그 효과도 긍정적으로 나타나

고 있는데 이러한 이유는 서부지역의 경우 자본이 부족하여 '서부대개발' 정책으로 인해 소규모 자본이 증가하다라도 자본집약도가 높아져서 기술 습득능력이 월등히 개선되기 때문으로 판단된다.

국내기업의 R&D지출규모(RD_d)에 따른 기술파급효과는 중부지역을 제외하고 전체적으로 정의 상관관계를 나타내고 있다. 중부지역의 경우 국내기업들은 주로 중소기업 중심으로써 R&D지출규모가 동부지역보다 상대적으로 적다. 따라서 중부지역의 R&D지출규모가 중부지역 국내기업의 노동생산성에 대해 영향을 미치지 않는 것으로 나타나고 있다.[24]

그리고 중국의 인적자본 규모에 따른 기술파급효과는 예상 부호와는 다르게 부의 상관관계를 보이고 있다. 이러한 이유는 중국 국유기업의 보수체계와 인사관리 제도가 고급기술 인력으로 하여금 그 기업의 성취도에 전적으로 기여하는 것을 방해하기 때문으로 판단된다.[25]

기업규모변수($SCALE_d$)는 예상한 바와 같이 중국 전체에 대한 분석이든 각 지역별 분석이든 국내기업의 노동생산성과 통계적으로 유의하고 정의 상관관계가 나타났다. 즉, 기업규모가 확대됨에 따라 기술습득능력이 개선되어 국내기업의 노동생산성도 향상되는 것으로 판단된다.

기술격차 변수(T_dT_f)의 경우 국내기업의 노동생산성 대비 외국인기업의 노동생산성을 대리변수로 이용하여 분석한 결과 예상 부호와 같이 부의 상관관계를 나타내고 있다.[26] 즉, 중국의 경우 외국인투자기업과 중국

---

24) Driffield(2001)의 1989-1992년 영국의 FDI의 기술파급효과에 대한 분석결과도 투자와 생산규모 및 R&D활동의 기술파급효과의 흔적은 찾지 못하였다는 결론을 내렸다.

25) Liu & Parker(2001)의 연구에서는 각 산업의 총 고용자 대비 초급대학 이상의 졸업자 수의 비율로 측정된 인적자본 변수도 기술파급효과와 부의 상관관계를 보이고 있다.

26) 그러나 Kokko(1994)의 멕시코 FDI의 기술파급효과에 대한 분석결과는 외국인투자기업과 현지기업의 기술격차가 너무 크면 현지기업은 선진기술을 습득하기 힘들다는 결론을 내렸다.

국내기업의 기술격차가 큰 경우 기술파급효과는 낮음을 알 수 있었다.

[표 5-4] 중국 국내기업에 대한 분석결과 2(취업자 수 이용)

독립변수 \ 모형	전국		동부지역		중부지역		서부지역	
	모형C	모형D	모형C	모형D	모형C	모형D	모형C	모형D
Constant	-3.869*** (-7.102)	-4.018*** (-7.401)	0.077 (0.203)	-0.151 (-0.401)	-4.259*** (-6.382)	-3.975*** (-4.993)	-5.381*** (-3.969)	-5.545*** (-4.030)
$LOG(LP_f)$	0.289*** (3.638)	0.312*** (3.739)	0.885*** (16.296)	0.905*** (16.879)	0.679*** (4.922)	0.661*** (4.596)	0.167 (0.971)	0.134 (0.757)
$LOG(K_d/L_d)$	0.269*** (6.390)	0.276*** (6.642)	0.014 (0.415)	0.022 (0.670)	0.029 (0.272)	0.018 (0.161)	0.474*** (5.076)	0.458*** (4.799)
$LOG(RD_d)$	0.242*** (5.454)	0.249*** (5.675)	0.064** (2.235)	0.069** 2.533	0.026 (0.384)	0.037 (0.518)	0.179* (1.662)	0.195* (1.770)
LQ_d	-0.039*** (-3.825)	-0.041*** (-3.955)	-0.021*** (-3.055)	-0.021*** (-3.205)	0.025 (1.508)	0.021 (1.226)	-0.012 (-0.468)	-0.016 (-0.594)
$LOG(SCALE_d)$	0.385*** (7.577)	0.372*** (7.139)	0.062** (2.071)	0.055* (1.876)	0.408*** (7.596)	0.407*** (7.498)	0.419*** (2.818)	0.453*** (2.929)
T_dT_f	-0.169*** (-7.196)	-0.173*** (-7.215)	-0.567*** (-22.186)	-0.569*** (-23.079)	-0.343*** (-7.535)	-0.343*** (-7.484)	-0.094** (-2.436)	-0.088** (-2.253)
FDIP	0.002** (2.018)		0.002*** (3.447)		0.012*** (2.633)		0.019 (1.295)	
FDIPT		0.004** (2.540)		0.003*** (3.901)		0.007 (0.717)		0.044 (1.538)
FDIPO		-0.001 (-0.551)		-0.001 (-0.220)		0.017* (1.795)		0.007 (0.426)
Adjusted R-squared	0.891	0.893	0.880	0.915	0.869	0.868	0.868	0.866

1) *,**,***는 각각 10%, 5%, 1%의 유의수준을 나타냄
2) 각 변수의 괄호 안 수치는 t-값을 나타냄

외국기업의 국내시장 개입정도(FDIZ, FDIP) 변수의 경우 정의 상관관계를 나타내고 있어 외국인투자기업이 중국내 시장에서의 비중이 높을수록 중국내 기술파급효과는 더 높이 나타남을 알 수 있었다.

투자의 이질성을 나타내는 변수로서 원천국별 차이를 알아보기 위해

화교계기업인 대만, 홍콩, 마카오기업의 자산규모(FDIZT)와 고용규모(FDIPT)과 기타 국가의 기업 자산규모(FDIZO)와 고용규모(FDIPO) 변수의 경우 기타국가의 변수는 모두 다 통계적으로 유의하지 않았고 화교계기업의 경우 정의 상관관계를 나타내고 있어 언어나 문화적 요인으로 인해 기타 국가의 기업보다도 더 쉽게 중국 현지에 기술을 이전하고 이에 따른 파급효과도 크기 때문으로 판단된다.27)

중국 국내기업과 외국인 투자기업의 상호작용을 검정하기 위하여 패널 연립방정식을 이용한 분석결과는 [표 5-5]에 제시되어 있다.

국내기업과의 경쟁관계(LP_d)가 외국인투자기업의 노동생산성에 미치는 영향은 지역별로 차이가 있음을 알 수 있었다. 동부지역의 경우 정의 상관관계를 나타내고 있는데 이러한 이유로 동부지역에는 중국 국내기업의 기술수준이 높기 때문에 이들과의 경쟁이 치열하여 외국인투자기업도 기술혁신에 많은 노력을 하고 있기 때문으로 판단된다.

그러나 중부지역의 경우에는 부의 상관관계를 나타내고 있어 국내기업의 노동생산성 증가는 외국투자기업의 노동생산성에 부정적인 영향을 미치고 있음을 의미한다. 즉, 중국 중부지역에 있는 중국 국내기업들은 국내에서의 경쟁이 심화됨에 따라 스스로 기술개발에 박차를 가하는 반면 외국투자기업들은 아직까지 그럴 필요성을 못 느껴 기술개발에 따른 생산성 효과를 보지 못하고 있기 때문으로 판단된다. 이러한 결과는 [표 5-3]과 [표 5-4]의 결과에서도 알 수 있듯이 중부지역의 경우 외국인투자기업의 노동생산성이 향상되면 중국 국내기업도 경쟁효과와 기술파급효

27) 그러나 Hu&Jefferson(2002)의 연구는 홍콩, 마카오, 대만의 투자와 OECD회원국의 투자가 중국에 대한 기술파급효과를 분석한 결과 OECD회원국의 투자는 현지국 기업의 생산성에 부정적인 효과를 발생하고 있다는 결론을 내렸다. 이러한 이유로 OECD회원국 기업이 높은 기술수준과 시장에서의 경쟁이 치열하기 때문이라고 지적하고 있다.

과에 의해 노동생산성이 크게 향상되지만, 역으로 중국 국내기업의 생산성 향상에 따라 외국인투자기업의 노동생산성은 영향을 받지 않기 때문일 수도 있다.

[표 5-5] 외국인 투자기업에 대한 분석결과 3

독립변수 \ 모형	전국		동부지역		중부지역		서부지역	
	모형E	모형F	모형E	모형F	모형E	모형F	모형E	모형F
Constant	-2.262*** (-3.921)	-2.258*** (-3.910)	-3.690*** (-7.928)	-3.668*** (-7.944)	-4.739*** (-4.236)	-4.698*** (-4.215)	-0.361 (-0.205)	-0.365 (-0.208)
$LOG(LP_d)$	0.032 (0.689)	0.028 (0.618)	0.144*** (2.857)	0.159*** (3.199)	-0.302*** (-3.384)	-0.293*** (-3.311)	0.019 (0.187)	0.020 (0.197)
$LOG(K_f/L_f)$	0.377*** (8.108)	0.378*** (8.119)	0.392*** (10.718)	0.393*** (10.831)	0.077 (0.808)	0.077 (0.816)	0.556*** (3.612)	0.555*** (3.609)
$LOG(RD_f)$	0.039* (1.723)	0.039* (1.739)	0.036* (1.904)	0.036* (1.908)	0.041 (1.060)	0.040 (1.034)	0.085 (1.442)	0.084 (1.438)
LQ_f	-0.010 (-0.969)	-0.011 (-0.990)	-0.001 (-0.131)	-0.001 (-0.077)	0.012 (0.723)	0.012 (0.715)	-0.007 (-2.255)	-0.007 (-0.250)
$LOG(SCALE_f)$	0.468*** (10.256)	0.469*** (10.275)	0.467*** (8.949)	0.457*** (8.849)	0.991*** (8.898)	0.983*** (8.878)	0.234** (2.088)	0.234** (2.089)
Adjusted R-squared	0.725	0.724	0.933	0.934	0.778	0.780	0.717	0.751

1) *,**,***는 각각 10%, 5%, 1%의 유의수준을 나타냄
2) 각 변수의 괄호 안 수치는 t-값을 나타냄

외국인투자기업의 자본집약도(K_f/L_f) 변수는 외국인투자기업의 노동생산성과 정의 상관관계를 나타내고 있음을 알 수 있었다. 다만 중부지역에서는 통계적으로 유의하지 않았다. 동부지역은 경제수준이 높으므로 외국인투자규모가 크며 높은 자본누적규모는 기술파급효과에 긍정적인 영향을 미치고 있다. 서부지역은 동부와 중부지역보다 경제수준은 상대적으로 낮지만 중국정부의 '서부대개발'정책으로 하여 서부지역의 외국인투기업의 자본규모도 급속하게 증가하고 있다. 따라서 서부지역의 자

본집약도는 기술파급효과에 긍정적인 영향을 미치고 있는 것으로 판단할 수 있다.

외국인투자기업의 R&D비용지출과 외국인투자기업의 노동생산성과의 관계는 중국 전체와 동부지역의 경우에만 통계적으로 유의하게 정의 상관관계를 나타내고 있었다. 동부지역의 기반시설 등 투자환경이 중부와 서부지역보다 좋고 동부지역의 외국인투자기업은 주로 대기업이므로 R&D지출규모는 중부와 서부지역에 비해 더욱 높다는 것을 알 수 있다. 이에 따라 외국인투자기업의 R&D투자규모가 클수록 기술파급효과는 더 높이 나타남을 알 수 있다.

인적자본변수(LQ_f)는 전체적으로 유의한 영향을 미치지 않고 있음을 알 수 있었다. 외국인투자기업의 기업규모변수($SCALE_f$)는 예상한 바와 같이 전체적으로 정의 상관관계를 나타내고 있어 기업규모가 클수록 외국인투자기업의 노동생산성은 향상되고 있음을 알 수 있었다.

5.2 산업별 중국내 FDI의 기술파급효과에 대한 실증분석

5.2.1 분석모형의 설정

본 절에서는 중국에 대한 외국인직접투자의 산업별 기술파급효과를 분석하기 위해 다음과 같이 Cobb-Douglas 생산함수를 수정하여 계량적 관계모형을 설정하였다(Aitken & Harrison, 1999; Lee 2002).

$$Y_{it} = A_{it} K_{it}^{\alpha} L_{it}^{\beta} \qquad (6)$$

여기서 Y는 산출량, A는 총 요소생산율, K는 자본스톡, L은 노동투입이다. 양변에 로그를 취하면 다음과 같은 생산함수를 나타낼 수 있다.

$$LOGY_{it} = LOGA_{it} + \alpha LOGK_{it} + \beta LOGL_{it} \tag{7}$$

Aitken & Harrison(1999), Haskel, Pereira, and Slaughter(2002), Kim & Kim(2010)은 외국인직접투자의 기술파급효과를 분석하기 위해 다음과 같은 모델을 설정하고 있다.

$$LOGA_{it} = f[FDI_{hori,}\ FDI_{\mathrm{for}w,}\ FDI_{back,}\ Z] \tag{8}$$

여기서 FD_{Ihori}는 외국인직접투자에 의한 산업내 기술파급효과, FD_{Iforw}은 외국인직접투자에 의한 전방효과, FD_{Iback}은 외국인직접투자에 의한 후방효과를 말한다. Z는 외국인직접투자 이외의 기술파급효과에 영향을 미치는 통제변수(control variables)이다.

(8)식을 (7)식에 대입하면 다음과 같은 식으로 나타낼 수 있다:

$$\begin{aligned} LOG(Y_{it}) = {} & \alpha_1 LOG(L_{it}) + \alpha_2 LOG(K_{it}) + \alpha_3 LOG(FDI_{hori_{it}}) \\ & + \alpha_4 LOG(FDI_{\mathrm{for}w_{it}}) + \alpha_5 LOG(FDI_{back_{it}}) + Z \end{aligned} \tag{9}$$

중국에 대한 외국인직접투자의 산업별 기술파급효과를 분석하기 위해 다음과 같은 기본적인 방정식을 추정한다. 식(9)로부터 다음과 같은 기본적 방정식이 도출될 수 있다.

$$
\begin{aligned}
LOGVA_{it} = c &+ \alpha_1 LOGL_{it} + \alpha_2 LOGK_{it} + \alpha_3 PCM_{it} + \alpha_4 HORI_{it} + \alpha_5 HORIT_{it} \\
&+ \alpha_6 HORIO_{it} + \alpha_7 FORW_{it} + \alpha_8 FORWT_{it} + \alpha_9 FORWO_{it} \\
&+ \alpha_{10} BACK_{it} + \alpha_{11} BACKT_{it} + \alpha_{12} BACKO_{it} + \epsilon_{it}
\end{aligned}
$$

$$
\epsilon_{it} = \gamma_i + \delta_t + e_{it}
$$

위 식에서 γ_i는 개별 산업효과, δ_t는 시간 특성효과, e_{it}는 확률적 오차항이다.

본 연구에서는 중국내 외국인직접투자의 산업별 기술파급효과를 분석하기 위해 2003-2009년 기간 동안 중국 공업부문의 72개 산업을 이용하여 분석하였다. 사용된 종속변수는 2003-2009년 기간 동안 중국 공업부문 각 산업의 연도별 국내기업의 부가가치(LOGVA)를 이용하였다(Liu, 2002; 연태훈, 2003; Galina Hale, 2007). 그리고 각 독립변수에 대한 설명은 다음과 같다.

1) 노동(L_{it})

외국인직접투자의 현지자회사에 고용된 현지의 인력이 생산 및 경영활동에 직접 참여함으로써 학습 또는 직업훈련 등으로 현지자회사가 보유한 생산기술이나 경영노하우를 습득하게 된다. 이러한 방법으로 기술을 습득한 현지근로자가 국내기업으로 이직하여 근로자 본인에게 체화된 기술을 전파함으로써 자연스럽게 기술의 확산을 가져올 수 있다.

본 연구에서는 노동투입과 외국인직접투자의 기술 파급효과를 분석하기 위하여 중국 공업부문 각 산업의 연도별 국내기업의 연평균 취업자수를 이용하였고 정(+)의 상관관계를 예상하고 있다.

2) 자본(K_{it})

본 연구에서는 자본과 외국인직접투자의 기술 파급효과를 분석하기 위하여 중국 공업부문 각 산업의 연도별 국내기업의 고정자산 총액을 이용하였고 정(+)의 상관관계를 예상하고 있다.

3) 산업집중도(PCM_{it})

개방된 시장 환경 하에서 높은 산업집중도가 낮은 시장경쟁정도를 의미하는 것은 아니다. 높은 산업집중도와 치열한 경쟁은 공존할 수 있다. 산업집중도와 시장경쟁 사이의 관계를 명확하게 함으로써 산업집중도가 FDI의 기술파급효과에 미치는 영향을 파악할 수 있다.

Domowitz et al.(1986), Campa and Goldberg(1995), Cheung et al.(2001)의 연구에 따르면 산업집중도를 측정하기 위해 다음과 같은 공식을 도출할 수 있다.

$$PCM_{i,j,t,} = \frac{VA_{i,j,t} - W_{i,j,t}}{F_{i,j,t}}$$

위 식에서 VA는 부가가치, W는 노동비용, F는 산출이다. i는 산업, j는 국가, t는 시간을 의미한다.

본 연구에서는 VA는 중국 공업부문 각 산업의 연도별 국내기업의 부가가치를 이용하였고, W는 중국 공업부문 각 산업의 연도별 국내기업의 임금총액을 이용하였고, F는 중국 공업부문 각 산업의 연도별 국내기업의 산출을 이용하였으며 산업의 집중 강도에 따라 상관관계가 달리 나타날 수 있다.

4) 산업내 파급효과 ($hori_{it}$)

본 연구에서는 외국인직접투자의 산업내 기술파급효과를 파악하기 위하여 중국 공업부문 각 산업의 연도별 자산총액 대비 각 산업의 외국인기업의 자산 총액을 이용하였고 기존의 연구에 따르면 상관관계가 달리 나타날 수 있다.

5) 전방효과($forw_{it}$)

Blomström(1991)은 전방연관효과를 논의하고 있는데, 많은 산업에서 기술적인 복잡성이 증가한다는 점을 강조하고 있으며, 다국적기업과 소비자간 접촉의 증대는 생산성의 확산을 가져온다고 지적하고 있다. 다국적기업과 국내기업간의 밀접한 연관은 투자유치국의 생산성 확산효과를 증가시킨다. 다국적기업의 자회사와 업스트림 공급자와 다운스트림 소비자 간의 밀접한 상업적인 연결은 공급자와 소비자에게 기술적 정보를 상호 더 많이 이전하기 때문이라고 지적하였다.

본 연구에서는 외국인직접투자의 전방효과, 즉 구매자가 되는 현지기업과 공급자가 되는 외국인투자기업 사이의 연계강도(strength of linkages)를 파악하기 위해 i산업의 모든 상류산업(i산업을 제외함) k중에서 외국인투자기업의 자산비중의 가중평균값을 이용하였다. 외국인직접투자의 전방효과에 대한 공식은 다음과 같다.

$$Forw_{it} = \sum_{k,k \neq i}^{n} \alpha_{ik} {}^{*} Hori_{kt}$$

위 식 중에서 가중치α_{ik}는 「중국투입산출표」[28] 중에서의 직접 투입계

수(direct input coefficient)를 이용하였고(Hyuk Hwang Kim,2010) 기존의 연구에 따르면 상관관계가 달리 나타날 수 있다.

6) 후방효과 ($back_{it}$)

후방연관효과(backward linkages)를 통해 생산성의 확산효과를 가져오는 활동들을 Lall(1980)은 구체적으로 정리하고 있다. 즉, 다국적기업이 현지공급자의 생산시설 설치를 돕는 경우, 공급업자의 품질을 향상시키기 위해 기술지원이나 정보를 제공하는 경우, 원재료나 중간구입을 돕는 경우, 경영이나 조직 측면의 협력, 공급업자에게 추가적인 고객을 확보함으로써 다각화하는 것을 돕는 경우에 타 기업의 생산성이나 효율성을 향상시키는데 기여한다고 지적하고 있다. 생산성 파급효과를 크게 하는 여러 가지 연계효과 중에서 다국적기업생산에 있어서 부품현지조달(local content)이 연계의 강도를 결정하는 요인 중 하나이다.

본 연구에서는 외국인직접투자의 후방효과, 즉 공급자가 되는 현지기업과 구매자가 되는 외국인투자기업 사이의 연계강도(strength of linkages)를 파악하기 위해 i산업의 모든 하류산업(i산업을 제외함) m중에서 외국인투자기업의 자산비중의 가중평균값을 이용하였다. 외국인직접투자의 후방효과에 대한 공식은 다음과 같다.

$$Back_{it} = \sum_{m, m \neq i}^{n} \alpha_{im} {}^{*} Hori_{mt}$$

---

28) 「중국투입산출표」는 5년마다 한번 발행하기 때문에 본 연구 중에서 2003-2006년의 데이터는 2002년의 「중국투입산출표」를 이용하고 2007-2009년의 데이터는 2007년의 「중국투입산출표」를 이용하였다.

위 식 중에서 가중치α_{im}는 「중국투입산출표」 중에서의 직접 투입계수(direct input coefficient)를 이용하였고(Hyuk Hwang Kim, 2010) 기존의 연구에 따르면 부호가 달리 나타날 수 있다.

7) FDI의 이질성($horit_{it}$; $forwt_{it}$; $backt_{it}$; $horio_{it}$; $forwo_{it}$; $backo_{it}$)

외국인직접투자의 국별 차이에 따라 기술파급정도도 달라질 수 있다. Hu & Jefferson(2002)의 연구는 중국 전자산업과 방직산업의 자료를 이용하여 홍콩, 마카오, 대만의 투자와 OECD회원국의 투자에 의한 기술파급효과를 분석한 결과 OECD회원국의 투자는 현지국 기업의 생산성에 부정적인 효과를 나타낸다는 결론을 내렸다. 이러한 이유로 OECD회원국 기업이 높은 기술수준과 시장에서의 경쟁이 치열하기 때문이라고 지적하고 있다.

본 연구에서는 같은 언어와 문화를 공유하는 화교기업과 기타 국가의 기업의 투자가 중국 현지국으로의 기술파급효과에 상이한 영향을 미칠 것을 예상하여 대만, 홍콩, 마카오 기업과 그 외 기타국가의 기업으로 나누어 분석하였다.

분석에서는 중국에 대한 외국인직접투자의 이질성을 고찰하기 위하여 홍콩, 마카오, 대만기업의 산업 내 기술파급효과(Horit), 전방효과(Forwt), 후방효과(Backt)와 기타 외국인투자기업의 산업 내 기술파급효과(Horio), 전방효과(Forwo), 후방효과(Backo)를 나눠서 분석하였다.

또한 기업유형에 따라 국유기업과 비국유기업[29)]을 나누고, 지역에 따라 동부, 중부, 서부를 나누고, 집약형태에 따라 기술 집약형산업 노동집약형산업으로 나눴다. 집약형태의 분류는 2004년 「中國經濟普查年鑑」

29) 비국유기업은 私營企業, 集體企業, 股份制企業, 股份合作企業 및 其他企業을 포함.

의 분류방법에 의하면 각 산업의 R&D지출과 인적자본의 곱을 계산하였다. R&D지출과 인적자본을 곱한 값 중에서 상위의 36개 산업은 기술집약형 산업이고, 하위의 36개 산업은 노동집약형 산업이다. R&D지출은 각 산업의 매출액 대비 R&D지출을 이용하였고 인적자본은 각 산업의 취업자 수 대비 과학기술활동인구 수를 이용하였다(〈부표 29〉 참고).

[표 5-6] 변수의 정의 및 출처

변수				정의	단위	기대부호
종속변수	공업부문 부가가치	log(va)		중국 공업부문 각 산업의 연도별 국내기업의 부가가치	천 위안	
독립변수	노동	log(l)		중국 공업부문 각 산업의 연도별 국내기업의 연평균 취업자 수	명	+
	자본	log(k)		중국 공업부문 각 산업의 연도별 국내기업의 고정자산 총액	천 위안	+
	산업집중도	pcm		중국 공업부문 각 산업의 연도별 국내기업의 산출 대비 부가가치와 임금의 차	%	?
	산업내 기술파급 효과	hori		중국 공업부문 각 산업의 연도별 자산총액 대비 각 산업의 외국인기업의 자산 총액	%	?
			horit	중국 공업부문 각 산업의 연도별 자산총액 대비 각 산업의 홍콩, 대만, 마카오기업의 자산 총액	%	?
			horio	중국 공업부문 각 산업의 연도별 자산총액 대비 각 산업의 기타 외국인기업의 자산 총액	%	?
	전방효과	forw		i산업의 모든 상류산업(i산업을 제외함) k중에서 외국인투자기업의 자산비중의 가중평균값	%	?
			forwt	i산업의 모든 상류산업(i산업을 제외함) k중에서 홍콩, 대만, 마카오기업의 자산비중의 가중평균값	%	?
			forwo	i산업의 모든 상류산업(i산업을 제외함) k중에서 기타 외국인투자기업의 자산비중의 가중평균값	%	?
	후방효과	back		i산업의 모든 하류산업(i산업을 제외함) m중에서 외국인투자기업의 자산비중의 가중평균값	%	?
			backt	i산업의 모든 하류산업(i산업을 제외함) m중에서 홍콩, 대만, 마카오기업의 자산비중의 가중평균값	%	?
			backo	i산업의 모든 하류산업(i산업을 제외함) m중에서 기타 외국인투자기업의 자산비중의 가중평균값	%	?

출처: 본 연구에서 모든 변수는 Support system for china statistics application에서 입수하였음.

5.2.2 연구방법론

본 연구에서는 중국내 외국인직접투자의 기술파급효과를 검증하기 위하여 정태적 패널모형(static panel mode)과 동태적 패널모형(dynamic panel model)을 실시하고 정 · 동태적 패널분석결과의 차이점을 살펴보는 것을 시도한다.

1) 정태적 패널모형(Static panel mode)

정태적 패널모형의 추정방법은 고정효과모형과 확률효과모형으로 나눌 수 있다. 고정효과모형은 개별산업의 고유특성효과가 오차항에 포함되어 있고, 개별산업의 고유특성효과가 설명변수와 관계가 있다고 가정한다. 반면 확률효과모형은 개별산업 간의 차이가 확률변수라고 가정하고 개별 산업별 차이를 오차항의 일부로 포함하여 분석한다. 즉 개별산업의 고유특성효과가 설명변수와 관계가 없다고 가정하여 추정하는 것이다.

고정효과모형(Fixed Effect Model)의 특징은 개별특성효과가 각 표본마다 다르다는 설정을 하게 되며,시간에 따라 일정한 값으로 간주한다. 고정효과모형(Fixed Effect Model)의 중요한 가정은 개별특성효과는 확률적인 변동의 결과가 아닌 장기간에 걸쳐 고정적으로 지속되는 효과를 의미한다. 만일이 가정이 정확하다면 고정효과모형(Fixed Effect Mode)에 기초한 패널데이터 분석은 불편추정량에 가까운 계수값(unbiased coefficient)을 제공해줄 수 있게 된다.

확률효과모형(Random Effect Model)은 기본적으로 고정효과모형(Fixed Effect Mode)과 그 형태를 같이 하지만 모형에서 설정하고 있는 가정에서 차이가 있다. 고정효과모형에서는 개별 산업특성효과가 시간이 변해도 고정불변이라는 가정하는 반면, 확률효과모형에서는 확률적으로 변한다고 보고 있다. 아래 식은 본 연구에 사용된 정태적 패널 연구모형이다.

$$
\begin{aligned}
LOGVA_{it} = c &+ \alpha_1 LOGL_{it} + \alpha_2 LOGK_{it} + \alpha_3 PCM_{it} + \alpha_4 HORI_{it} + \alpha_5 HORIT_{it} \\
&+ \alpha_6 HORIO_{it} + \alpha_7 FORW_{it} + \alpha_8 FORWT_{it} + \alpha_9 FORWO_{it} \\
&+ \alpha_{10} BACK_{it} + \alpha_{11} BACKT_{it} + \alpha_{12} BACKO_{it} + \epsilon_{it}
\end{aligned}
$$

$$\epsilon_{it} = \gamma_i + \delta_t + e_{it}$$

위 식에서 γ_i는 개별 산업효과, δ_t는 시간 특성효과, eit는 확률적 오차항이다. 정태적 패널모형을 추정하는데 외국인직접투자의 기술파급효과 간에 측정방법상 내생성의 문제가 발생할 수 있다. 이들 설명변수와 개별효과 간에 내생성이 발생할 수 있는 문제를 해결하기 위해 Hausman Test(1978)를 실시한다. Hausman Test결과에 따라 확률효과모형과 고정효과모형으로 나눌 수 있는데, 귀무가설을 기각할 수 없으면 설명변수와 내생성 문제가 없으므로 확률효과모형으로 추정하며, 귀무가설을 기각하면 고정효과모형으로 추정하여야 한다.

2) 동태적 패널모형(Dynamic panel model): 1차 차분 일반적률모형GMM(First difference generalized method of moment)

정태적 패널모형은 설명변수와 산업 특수적 개별효과의 영향이 모형에 모두 포함되므로 개별 관측치의 이질성을 반영할 수 있으나, 종속변수 자체의 내부적 요인은 고려되지 못하므로 종속변수의 시계열적인 영향력은 배제된다는 한계가 있다. 이러한 외부적 요인들과 내부적 요인들을 모두 반영한 패널모형인 동태적 패널모형에 대한 추가적인 분석 작업이 필요하다. 앞서 제시한 정태적 패널모형에 종속변수의 과거 시차 변수를 추가한 모형이 기본적인 동태적 패널모형이다.

Hsiao(1986)에 따르면 종속변수가 1차 자기회귀를 따르고 설명변수가 k개인 동태적 패널 자기회귀모형은 다음과 같다.

$$Y_{it} = \alpha_0 + \tau Y_{it-1} + \beta X_{it} + f_i + u_{it}$$

설명변수 X_{it}는 k×1 벡터이며 u_{it} 는 시계열 비상관적이다. 앞서 정태적 패널모형에서도 언급한 것과 같은 설명변수들은 그 측정 방법상 내생성의 문제가 존재할 수 있다. X_{it}는 산업 특수적 개별효과를 포함하는 변수인 fi와 상관관계를 가지게 된다. 동태적 패널모형에서 X_{it} 의 f_i와의 상관관계는 그다지 문제되지 않을 수 있으나, 동태적 패널모형에 대한 GMM추정 시의 도구변수 선택에 있어서는 fi와의 상관여부가 중요하다. 즉, 차분을 해도$\Delta Y_{i,t-1} = Y_{i,t-1} - Y_{i,t-2}$ 와 $\Delta u_{it} = u_{it} - u_{i,t-1}$ 간의 상관관계(Yi,t－1과 ui,t－1 간의 상관관계)가 남아 있다는 것이 동태적 패널모형 추정의 주요 논제이므로, 도구변수 선택에 대한 신중한 고려가 필요하다. 동태적 패널모형은 Arellano and Bond(1991)의 GMM 방법론을 통해 추정가능하다. Arellano and Bond(1991)의 GMM 방법론은 내생성의 문제를 고려하여 과거 시차 변수를 도구변수로 사용하는 추정방법이다.

GMM 추정방법에 있어서 X_{it}가 f_i와 상관관계를 가지는 경우 도구변수의 최적행렬은 X_{it}가 predetermined한지 또는 강외생적인지에 따라 좌우되게 된다. 따라서 만약 X_{it}가 predetermined한 경우 즉, s〈t일 때 E(X_{it}

$u_{is}) \neq 0$ 이라면, s기에 대한 차분된 추정식에서 도구변수는 $X_{i1},\cdots, X_{i(s-1)}$이 되므로 최적 도구변수집합인 Z_i는 Z_i=diag $(Y_{i1}\cdots Y_{is}\ X_{is}'\cdots X_{i(s+1)}')$, (s=1,⋯,T－2) 의 형태의 (T－2)×(T－2)[(k－1)(T+1)+(T－1)]/2 행렬이 된다. 그리고 만약 X_{it}가 강외생적인 경우 즉, 모든 t기와 s기에 대해 E(Xit uis)=0이라면, $X_{i1},\cdots,X_{iT}$ 가 도구변수가 되어 Zi =diag $(Y_{i1}\cdots Y_{is}\ X_{i1}'\cdots X_{iT}')$, (s=1,⋯,T－2)가 된다.[30)]

본 논문에서는 Arellano and Bond(1991)의 1차 차분 GMM(first difference generalized method of moment)을 통한 동태패널분석을 실시한다. 이는 내생성(endogeneity)의 문제를 고려하여 과거 시차 변수를 도구변수로 사용하는 추정방법으로서 다음과 같은 장점을 가진다.

첫째, 설명변수들의 내생성문제와 시간 특수적 효과 및 개별 산업의 미관측된 국가 특수적 효과(unobserved effect)에 대한 조정이 가능하다.

둘째, 설명변수 및 종속변수의 과거 시차변수를 포함함으로써 변수들의 지속성(persistence)을 허용, 변수들의 내생성 문제를 조정해 준다.

셋째, 분석대상 자료가 안정적이고 오차항(error term)과 설명변수들 사이의 상관관계가 존재하지 않으며 직교조건(orthogonal)을 만족하는 경우 이분산성(heteroskedasticity)을 띄고 자기상관(autoregressive)이 있는 변수들에 대한 GMM추정량이 효율적인(efficient) 추정결과를 제시해 줄 수 있다.

이와 같은 내용을 바탕으로 분석을 위한 동태적 패널모형을 구성하면 다음과 같이 표현된다.

30) 김경수, 2005, “연기금투자의 유가증권시장에 대한 파급효과: 패널자료 분석”, 『금융학회지』, 제10권 제2호: 165-197의 내용을 요약했음.

$$
\begin{aligned}
LOGVA_{it} = {} & \alpha_0 LOGVA_{i,t-1} + \alpha_1 LOGL_{it} + \alpha_2 LOGK_{it} + \alpha_3 PCM_{it} + \alpha_4 HORI_{it} \\
& + \alpha_5 HORIT_{it} + \alpha_6 HORIO_{it} + \alpha_7 FORW_{it} + \alpha_8 FORWT_{it} \\
& + \alpha_9 FORWO_{it} + \alpha_{10} BACK_{it} + \alpha_{11} BACKT_{it} + \alpha_{12} BACKO_{it} + \epsilon_{it}
\end{aligned}
$$

$$
\epsilon_{it} = \gamma_i + \delta_t + e_{it}
$$

본 연구에서 제시하는 GMM 추정결과에 대한 본격적인 논의에 앞서 동태패널모형의 적합성을 검증하기 위한 두 가지 통계량에 대해 간략히 살펴본다.

첫 번째는 사용된 도구변수(instrumental variables)의 적합성을 검증하는 Sargan검정통계량이다. 이는 GMM이 제공하는 도구변수의 과도식별 조건들(overidentifying restrictions)이 통계적으로 유효한가를 검증하기 위한 것이다. Sargan 검정의 귀무가설(null hypothesis)은 과도식별 조건들이 유효하다[31]는 것인데, 해당 검정통계량의 pvalue가 일정한 유의수준(예를 들어 0.05)보다 크면, 모형설정의 타당성과 도구변수의 적절성이 기각되지 않음(not reject)을 의미한다. 본 연구에서는 독립변수의 내생성(endogeneity) 가정한 도구변수(instrumental variables)를 사용하였다(독립변수의 t-2, t-3, t-4 시차를 도구변수로 사용하였음).

둘째, AR(1)과 관련된 검정통계량의 p-value가 일정한 유의수준보다 작고 AR(2)과 관련된 검정통계량의 p-value가 일정 유의수준보다 크면, 이는 오차항이 MA(1)의 특성을 만족하는 것으로 해석할 수 있다.

31) 과도식별 조건이 유효(valid)하다는 의미는 GMM에서 사용된 도구변수들이 오차항과 상관관계가 없다는 것이다.

5.2.3 분석결과

본 연구에서 중국 전국(국내기업[32], 국유기업, 비국유기업), 동부지역(국내기업, 국유기업, 비국유기업), 중부지역(국내기업, 국유기업, 비국유기업), 서부지역(국내기업, 국유기업, 비국유기업) 내 외국인직접투자의 기술파급효과에 대한 분석에 사용된 각 변수들의 기초통계 분석 결과는 〈부표 5〉부터 〈부표 16〉까지와 같다.

〈부표 17〉부터 〈부표 28〉까지는 중국 전국(국내기업, 국유기업, 비국유기업), 동부지역(국내기업, 국유기업, 비국유기업), 중부지역(국내기업, 국유기업, 비국유기업), 서부지역(국내기업, 국유기업, 비국유기업) 내 외국인직접투자의 기술파급효과에 대한 분석에 사용된 독립변수들 간 상관정도를 파악하기 위한 피어슨 통계량이다. 상관관계분석은 독립변수들 간의 관련성을 분석하기 위한 방법으로, 하나의 변수가 다른 변수와 어느 정도 관련성을 가지고 변화하는가를 관찰하는데 이용된다. 각 독립변수들 사이의 상관성의 정도는 상관계수의 크기로 나타내며, 정(+)과 부(-)의 부호로 각 변수들 간의 상관 방향을 알 수 있다.

본 연구는 정태적 패널모형과 동태적 패널모형 분석방법을 이용하여 외국인직접투자의 기술파급효과에 대하여 분석하였다.

---

32) 국내기업은 국유기업과 비국유기업을 의미함.

[표 5-7] 전국에서 비국유기업의 기술파급효과에 대한분석결과

독립변수	정태패널			동태패널		
	모형1	모형2	모형3	모형4	모형5	모형6
	고정효과	고정효과	고정효과			
log (va(-1))				0.425*** (15.593)	0.423*** (15.498)	0.423*** (15.221)
log(l)	1.290*** (15.442)	1.311*** (15.606)	1.278*** (15.415)	1.432*** (13.344)	1.481*** (13.668)	1.449*** (13.061)
log(k)	0.952*** (9.750)	0.944*** (9.683)	0.961*** (9.819)	0.449*** (12.791)	0.451*** (13.2117)	0.448*** (12.881)
pcm	0.011** (2.082)	0.011** (2.148)	0.010** (2.012)	0.022* (1.768)	0.022** (2.556)	0.014** (2.471)
hori	0.009** (2.460)			0.027* (1.694)		
forw	-0.014** (-2.274)			-0.046*** (-2.816)		
back	0.001 (1.383)			-0.001 (-0.962)		
horit		0.015*** (2.676)			0.052*** (3.021)	
forwt		-0.044*** (-3.821)			-0.134*** (-2.748)	
backt		0.002 (0.886)			0.002* (1.789)	
horio			0.010** (2.543)			0.045** (2.426)
forwo			-0.013* (-1.667)			-0.063** (-2.422)
backo			0.001 (0.766)			-0.005 (-1.336)
R2	0.991	0.991	0.991			
DW	1.986	2.012	1.969			
F-test	58.305 (0.000)	59.072 (0.000)	56.429 (0.000)			
Hausman test	124.160 (0.000)	144.218 (0.000)	119.177 (0.000)			
Sargan's test				6.483 (0.773)	6.141 (0.803)	6.525 (0.769)
AR(1)검정				-3.926***	-4.211***	-4.298***
AR(2)검정				0.381	0.393	0.421

주: 1) ( )은 t값이고, *, **, ***은 각각 유의수준 10%, 5%, 1%에서 유의함을 나타냄.
2) 모든 모형은 설명변수의 내생성 가정한 도구변수를 사용함(설명변수의 t-2, t-3, t-4 시차를 도구변수로 사용하였음).
3) AR(1), AR(2)의 귀무가설은 각각 '잔차 1차 자기상관, 2차 자기상관이 없다'로 AR(1)은 귀무가설을 기각하여야 하며, AR(2)는 귀무가설을 채택하여야 한다. 즉 잔차의 2차 시계열자기상관이 없어야 한다.
4) Sargan 검정은 과도식별제약에 대한 검정으로 귀무가설은 '도구변수의 선택이 옳다'이므로 귀무가설을 기각하지 않아야 한다.

[표 5-8] 전국에서 국유기업의 기술파급효과에 대한 분석결과

독립변수	정태패널			동태패널		
	모형1	모형2	모형3	모형4	모형5	모형6
	고정효과	고정효과	고정효과			
log (va(-1))				0.156*** (3.375)	0.142*** (3.339)	0.206*** (4.658)
log(l)	0.712*** (27.545)	0.705*** (27.121)	0.721*** (27.489)	0.678*** (16.364)	0.694*** (18.249)	0.716*** (17.053)
log(k)	0.601*** (42.827)	0.604*** (42.649)	0.601*** (43.098)	0.526*** (44.269)	0.535*** (45.975)	0.528*** (40.233)
pcm	-0.001 (-0.885)	-0.001 (-1.225)	-0.001 (-0.884)	-0.002 (-0.927)	-0.002 (-0.409)	-0.002 (-0.434)
hori	0.005 (0.714)			0.006** (2.213)		
forw	0.009** (2.131)			0.019*** (2.612)		
back	-0.001 (-1.135)			-0.003 (-1.292)		
horit		-0.008 (-1.514)			-0.018 (-0.545)	
forwt		0.025** (2.243)			0.029** (2.086)	
backt		-0.001 -0.648			-0.004 (-1.417)	
horio			0.009*** (2.692)			0.022*** (3.731)
forwo			0.008 (1.536)			0.049 (1.402)
backo			-0.001 (-0.934)			-0.003 (-1.271)
R2	0.992	0.991	0.992			
DW	1.685	1.744	1.890			
F-test	35.681 (0.000)	32.722 (0.000)	38.598 (0.000)			
Hausman test	20.098 (0.002)	13.566 (0.034)	17.720 (0.007)			
Sargan's test				8.231 (0.606)	8.922 (0.539	10.021 (0.438)
AR(1)검정				-4.021***	-4.120***	-4.109***
AR(2)검정				0.412	0.489	0.392

주: 1) ( )은 t값이고, *, **, ***은 각각 유의수준 10%, 5%, 1%에서 유의함을 나타냄.
2) 모든 모형은 설명변수의 내생성 가정한 도구변수를 사용함(설명변수의 t-2, t-3, t-4 시차를 도구변수로 사용하였음).
3) AR(1), AR(2)의 귀무가설은 각각 '잔차 1차 자기상관, 2차 자기상관이 없다'로 AR(1)은 귀무가설을 기각하여야 하며, AR(2)는 귀무가설을 채택하여야 한다. 즉 잔차의 2차 시계열자기상관이 없어야 한다.
4) Sargan 검정은 과도식별제약에 대한 검정으로 귀무가설은 '도구변수의 선택이 옳다'이므로 귀무가설을 기각하지 않아야 한다.

[표 5-9] 전국에서 국내기업의 기술파급효과에 대한 분석결과

독립변수	정태패널			동태패널		
	모형1	모형2	모형3	모형4	모형5	모형6
	고정효과	고정효과	고정효과			
log (va(-1))				0.489*** (15.409)	0.477*** (14.548)	0.487*** (15.283)
log(l)	1.313*** (25.624)	1.261*** (23.254)	1.277*** (25.284)	0.709*** (14.089)	0.709*** (13.433)	0.696*** (15.986)
log(k)	1.081*** (32.389)	1.125*** (32.539)	1.095*** (32.902)	0.475*** (10.863)	0.498*** (11.599)	0.482*** (11.752)
pcm	0.001 (0.276)	0.003 (1.049)	-0.001 (-0.126)	-0.005 (-0.408)	-0.004 (-0.873)	-0.005 (-0.272)
hori	0.022*** (8.147)			0.005*** (2.944)		
forw	-0.011*** (-2.989)			-0.058*** (-2.973)		
back	0.001 (0.595)			-0.001 (-1.158)		
horit		0.023*** (4.198)			0.009*** (4.544)	
forwt		-0.034*** (-3.133)			-0.015*** (-4.693)	
backt		0.002 (1.400)			-0.001 (-0.049)	
horio			0.025*** (7.319)			0.067*** (2.814)
forwo			-0.010 (-0.981)			-0.070* (-1.868)
backo			0.001 (0.353)			-0.054 (-0.921)
R2	0.984	0.982	0.984			
DW	2.155	2.111	1.676			
F-test	45.853 (0.000)	41.133 (0.000)	44.389 (0.000)			
Hausman test	193.382 (0.000)	223.457 (0.000)	187.185 (0.000)			
Sargan's test				7.992 (0.629)	6.873 (0.737)	9.043 (0.528)
AR(1)검정				-4.562***	-4.631***	-4.442***
AR(2)검정				0.877	0.654	0.786

주: 1) ( )은 t값이고, *, **, ***은 각각 유의수준 10%, 5%, 1%에서 유의함을 나타냄.
2) 모든 모형은 설명변수의 내생성 가정한 도구변수를 사용함(설명변수의 t-2, t-3, t-4 시차를 도구변수로 사용하였음).
3) AR(1), AR(2)의 귀무가설은 각각 '잔차 1차 자기상관, 2차 자기상관이 없다'로 AR(1)은 귀무가설을 기각하여야 하며, AR(2)는 귀무가설을 채택하여야 한다. 즉 잔차의 2차 시계열자기상관이 없어야 한다.
4) Sargan 검정은 과도식별제약에 대한 검정으로 귀무가설은 '도구변수의 선택이 옳다'이므로 귀무가설을 기각하지 않아야 한다.

[표 5-10] 동부지역에서 비국유기업의 기술파급효과에 대한 분석결과

독립변수	정태패널			동태패널		
	모형1	모형2	모형3	모형4	모형5	모형6
	고정효과	고정효과	고정효과			
log (va(-1))				0.499*** (30.312)	0.498*** (31.068)	0.499*** (29.055)
log(l)	1.278*** (28.330)	1.322*** (28.295)	1.269*** (27.722)	0.887*** (19.481)	0.882*** (20.534)	0.881*** (19.683)
log(k)	0.767*** (18.305)	0.757*** (17.850)	0.774*** (18.332)	0.258*** (8.903)	0.267*** (9.673)	0.258*** (9.209)
pcm	0.004*** (5.291)	0.005*** (5.455)	0.004*** (5.485)	0.004*** (13.629)	0.004*** (13.872)	0.004*** (13.438)
hori	0.011*** (4.268)			0.013*** (3.999)		
forw	-0.008** (-2.685)			-0.014** (-2.479)		
back	0.001 (0.139)			-0.001 (-1.057)		
horit		0.015*** (3.181)			0.014*** (3.442)	
forwt		-0.015** (-2.179)			-0.019** (-2.352)	
backt		-0.001 (-1.049)			-0.001 (-1.128)	
horio			0.009*** (3.159)			0.002 (1.083)
forwo			-0.008** (-2.187)			-0.041** (-2.254)
backo			0.001 (0.699)			-0.001 (-0.739)
R2	0.978	0.978	0.977			
DW	2.181	1.468	1.745			
F-test	21.333 (0.000)	20.820 (0.000)	20.698 (0.000)			
Hausman test	70.604 (0.000)	76.800 (0.000)	61.327 (0.000)			
Sargan's test				10.334 (0.411)	11.440 (0.324)	9.899 (0.449)
AR(1)검정				-6.102***	-5.421***	-5.849***
AR(2)검정				0.698	0.628	0.668

주: 1) ( )은 t값이고, *, **, ***은 각각 유의수준 10%, 5%, 1%에서 유의함을 나타냄.
2) 모든 모형은 설명변수의 내생성 가정한 도구변수를 사용함(설명변수의 t-2, t-3, t-4 시차를 도구변수로 사용하였음).
3) AR(1), AR(2)의 귀무가설은 각각 '잔차 1차 자기상관, 2차 자기상관이 없다'로 AR(1)은 귀무가설을 기각하여야 하며, AR(2)는 귀무가설을 채택하여야 한다. 즉 잔차의 2차 시계열자기상관이 없어야 한다.
4). Sargan 검정은 과도식별제약에 대한 검정으로 귀무가설은 '도구변수의 선택이 옳다'이므로 귀무가설을 기각하지 않아야 한다.

[표 5-11] 동부지역에서 국유기업의 기술파급효과에 대한 분석결과

독립변수	정태패널			동태패널		
	모형1	모형2	모형3	모형4	모형5	모형6
	고정효과	고정효과	고정효과			
log (va(-1))				0.031 (0.648)	0.034 (0.748)	0.062 (1.314)
log(l)	0.671*** (22.775)	0.669*** (22.615)	0.669*** (22.527)	0.593*** (18.4023)	0.611*** (19.815)	0.605*** (20.562)
log(k)	0.356*** (27.860)	0.358*** (27.874)	0.356*** (27.736)	0.365*** (18.672)	0.363*** (18.424)	0.361*** (19.701)
pcm	-0.002*** (-4.449)	-0.002*** (-1.119)	-0.002*** (-4.322)	0.002 (0.831)	-0.002 (-0.678)	-0.003 (-0.294)
hori	0.003 (0.643)			0.045 (1.251)		
forw	0.012*** (2.638)			0.011** (2.141)		
back	-0.001 (-0.993)			-0.001 (-0.682)		
horit		0.001 (0.099)			-0.291 (-1.417)	
forwt		0.018 (0.750)			0.022*** (3.873)	
backt		-0.002 (-1.119)			-0.067 (-0.672)	
horio			0.001 (0.072)			-0.005 (-1.034)
forwo			0.016** (2.549)			0.006** (2.494)
backo			-0.001 (-0.532)			-0.001 (-1.013)
R2	0.976	0.976	0.976			
DW	2.074	1.442	2.078			
F-test	16.025 (0.000)	15.401 (0.000)	16.682 (0.000)			
Hausman test	29.005 (0.000)	30.146 (0.000)	28.128 (0.000)			
Sargan's test				11.238 (0.339)	10.944 (0.362)	9.875 (0.452)
AR(1)검정				-5.295***	-4.389***	-4.696***
AR(2)검정				1.365	1.398	1.449

주: 1) ( )은 t값이고, *, **, ***은 각각 유의수준 10%, 5%, 1%에서 유의함을 나타냄.
2) 모든 모형은 설명변수의 내생성 가정한 도구변수를 사용함(설명변수의 t-2, t-3, t-4 시차를 도구변수로 사용하였음).
3) AR(1), AR(2)의 귀무가설은 각각 '잔차 1차 자기상관, 2차 자기상관이 없다'로 AR(1)은 귀무가설을 기각하여야 하며, AR(2)는 귀무가설을 채택하여야 한다. 즉 잔차의 2차 시계열자기상관이 없어야 한다.
4) Sargan 검정은 과도식별제약에 대한 검정으로 귀무가설은 '도구변수의 선택이 옳다'이므로 귀무가설을 기각하지 않아야 한다.

[표 5-12] 동부지역에서 국내기업의 기술파급효과에 대한 분석결과

독립변수	정태패널			동태패널		
	모형1	모형2	모형3	모형4	모형5	모형6
	고정효과	고정효과	고정효과			
log (va(-1))				0.435*** (17.256)	0.431*** (16.351)	0.438*** (17.672)
log(l)	1.255*** (23.981)	1.260*** (21.962)	1.193*** (23.057)	0.839*** (16.503)	0.848*** (16.411)	0.829*** (16.981)
log(k)	1.014*** (28.622)	1.024*** (27.262)	1.036*** (29.040)	0.457*** (15.165)	0.4667*** (16.117)	0.452*** (16.432)
pcm	-0.009*** (-6.420)	-0.009*** (-5.984)	-0.010*** (-6.724)	-0.004** (-2.439)	-0.005 (-0.639)	-0.005* (-1.634)
hori	0.016*** (7.240)			0.003** (2.087)		
forw	-0.006** (-2.484)			-0.011** (-2.484)		
back	0.001 (0.220)			-0.001 (-0.315)		
horit		0.014*** (3.361)			0.005* (1.852)	
forwt		-0.011* (-1.847)			-0.009* (-1.673)	
backt		-0.001 (-0.152)			-0.001 (-0.072)	
horio			0.015 (0.866)			0.007*** (5.348)
forwo			-0.006* (-1.741)			-0.034* (-1.666)
backo			0.001 (0.592)			-0.004 (-0.768)
R2	0.982	0.979	0.980			
DW	1.233	2.135	1.628			
F-test	37.522 (0.000)	34.015 (0.000)	35.833 (0.000)			
Hausman test	120.342 (0.000)	138.590 (0.000)	115.236 (0.000)			
Sargan's test				12.031 (0.282)	11.333 (0.332)	11.451 (0.323)
AR(1)검정				-5.302***	-4.911***	-5.497***
AR(2)검정				0.496	0.522	0.532

주: 1) ( )은 t값이고, *, **, ***은 각각 유의수준 10%, 5%, 1%에서 유의함을 나타냄.
2) 모든 모형은 설명변수의 내생성 가정한 도구변수를 사용함(설명변수의 t-2, t-3, t-4 시차를 도구변수로 사용하였음).
3) AR(1), AR(2)의 귀무가설은 각각 '잔차 1차 자기상관, 2차 자기상관이 없다'로 AR(1)은 귀무가설을 기각하여야 하며, AR(2)는 귀무가설을 채택하여야 한다. 즉 잔차의 2차 시계열자기상관이 없어야 한다.
4) Sargan 검정은 과도식별제약에 대한 검정으로 귀무가설은 '도구변수의 선택이 옳다'이므로 귀무가설을 기각하지 않아야 한다.

[표 5-13] 서부지역에서 비국유기업의 기술파급효과에 대한 분석결과

독립변수	정태패널			동태패널		
	모형1	모형2	모형3	모형4	모형5	모형6
	고정효과	고정효과	고정효과			
log (va(-1))				0.567*** (33.281)	0.566*** (34.445)	0.567*** (34.307)
log(l)	1.071*** (17.874)	1.076*** (17.953)	1.062*** (17.626)	0.601*** (9.759)	0.063*** (9.618)	0.593*** (10.017)
log(k)	0.903*** (17.422)	0.906*** (17.542)	0.915*** (17.523)	0.419*** (9.201)	0.427*** (9.565)	0.424*** (9.638)
pcm	0.010*** (6.903)	0.011*** (7.085)	0.010*** (6.967)	0.001*** (3.179)	0.002*** (2.725)	0.002*** (3.316)
hori	0.008** (2.323)			0.092** (2.465)		
forw	-0.005 (-0.936)			-0.001 (-0.249)		
back	0.001 (0.431)			0.001 (0.687)		
horit		0.006 (1.328)			0.111* (1.879)	
forwt		-0.003 (-0.277)			0.007 (0.766)	
backt		0.001 (0.452)			-0.003 (-0.138)	
horio			0.006 (1.504)			0.066*** (2.992)
forwo			-0.006 (-0.865)			-0.082 (-1.186)
backo			0.001 (0.259)			0.011 (0.552)
R2	0.963	0.962	0.962			
DW	1.722	1.714	1.721			
F-test	14.922 (0.000)	15.454 (0.000)	14.447 (0.000)			
Hausman test	60.762 (0.000)	68.437 (0.000)	68.081 (0.000)			
Sargan's test				13.457 (0.199)	12.929 (0.227)	14.010 (0.172)
AR(1)검정				-5.490***	-5.395***	-5.019***
AR(2)검정				0.771	0.719	0.802

주: 1) ( )은 t값이고, *, **, ***은 각각 유의수준 10%, 5%, 1%에서 유의함을 나타냄.

2) 모든 모형은 설명변수의 내생성 가정한 도구변수를 사용함(설명변수의 t-2, t-3, t-4 시차를 도구변수로 사용하였음).

3. AR(1), AR(2)의 귀무가설은 각각 '잔차 1차 자기상관, 2차 자기상관이 없다'로 AR(1)은 귀무가설을 기각하여야 하며, AR(2)는 귀무가설을 채택하여야 한다. 즉 잔차의 2차 시계열자기상관이 없어야 한다.

4) Sargan 검정은 과도식별제약에 대한 검정으로 귀무가설은 '도구변수의 선택이 옳다'이므로 귀무가설을 기각하지 않아야 한다.

[표 5-14] 서부지역에서 국유기업의 기술파급효과에 대한 분석결과

독립변수	정태패널			동태패널		
	모형1	모형2	모형3	모형4	모형5	모형6
	고정효과	고정효과	고정효과			
log (va(-1))				0.237*** (4.791)	0.224*** (4.393)	0.238*** (4.662)
log(l)	0.601*** (19.151)	0.593*** (18.975)	0.602*** (19.181)	0.415*** (8.062)	0.414*** (8.031)	0.411*** (7.931)
log(k)	0.381*** (32.601)	0.382*** (32.684)	0.381*** (32.827)	0.345*** (18.215)	0.349*** (18.617)	0.346*** (18.338)
pcm	-0.001*** (-3.439)	-0.001*** (-3.577)	-0.001*** (-3.492)	-0.001 (-0.901)	0.001 (0.889)	0.002 (0.709)
hori	0.006 (1.423)			0.004 (0.893)		
forw	0.006 (0.930)			0.004 (0.853)		
back	-0.002 (-0.881)			-0.021** (-2.365)		
horit		-0.001 (-0.162)			0.002 (0.651)	
forwt		0.005 (0.466)			0.005 (0.671)	
backt		-0.001 (-0.205)			-0.001 (-1.013)	
horio			0.007 (1.534)			0.001 (0.178)
forwo			0.008 (1.007)			0.002 (0.325)
backo			-0.003 (0.409)			-0.003 (-1.127)
R2	0.979	0.978	0.978			
DW	1.234	1.209	1.239			
F-test	14.358 (0.000)	14.090 (0.000)	14.602 (0.000)			
Hausman test	52.972 (0.000)	54.654 (0.000)	54.301 (0.000)			
Sargan's test				12.991 (0.224)	13.401 (0.202)	11.089 (0.350)
AR(1)검정				-3.941***	-4.238***	-4.520***
AR(2)검정				0.632	0.583	0.603

주: 1) ( )은 t값이고, *, **, ***은 각각 유의수준 10%, 5%, 1%에서 유의함을 나타냄.
2) 모든 모형은 설명변수의 내생성 가정한 도구변수를 사용함(설명변수의 t-2, t-3, t-4 시차를 도구변수로 사용하였음).
3) AR(1), AR(2)의 귀무가설은 각각 '잔차 1차 자기상관, 2차 자기상관이 없다'로 AR(1)은 귀무가설을 기각하여야 하며, AR(2)는 귀무가설을 채택하여야 한다. 즉 잔차의 2차 시계열자기상관이 없어야 한다.
4) Sargan 검정은 과도식별제약에 대한 검정으로 귀무가설은 '도구변수의 선택이 옳다' 이므로 귀무가설을 기각하지 않아야 한다.

[표 5-15] 서부지역에서 국내기업의 기술파급효과에 대한 분석결과

독립변수	정태패널			동태패널		
	모형1	모형2	모형3	모형4	모형5	모형6
	고정효과	고정효과	고정효과			
log (va(-1))				0.642*** (16.902)	0.637*** (16.353)	0.648*** (16.793)
log(l)	1.006*** (16.680)	1.002*** (16.692)	0.990*** (16.370)	0.418*** (5.992)	0.423*** (6.051)	0.411*** (5.954)
log(k)	1.057*** (32.045)	1.063*** (32.623)	1.067*** (32.229)	0.376*** (6.384)	0.387*** (6.599)	0.371*** (6.196)
pcm	0.002 (1.170)	0.003 (1.611)	0.002 (1.261)	0.002* (1.813)	-0.001 (-1.182)	0.002 (1.359)
hori	0.008*** (3.029)			0.011** (2.447)		
forw	-0.006 (0.108)			0.004 (0.909)		
back	0.001 (0.561)			-0.002 (-0.131)		
horit		0.007* (1.942)			0.001* (1.895)	
forwt		-0.008 (-1.020)			0.004 (0.947)	
backt		0.002 (0.787)			-0.003 (-1.039)	
horio			0.006 (0.941)			0.004* (1.935)
forwo			-0.007 (-1.247)			-0.004 (-1.319)
backo			0.001 (0.295)			-0.041 (-1.032)
R2	0.976	0.976	0.976			
DW	1.886	1.863	1.879			
F-test	27.851 (0.000)	28.645 (0.000)	27.175 (0.000)			
Hausman test	129.405 (0.000)	135.903 (0.000)	143.253 (0.000)			
Sargan's test				14.992 (0.132)	15.003 (0.131)	13.222 (0.211)
AR(1)검정				-4.301***	-4.442***	-5.011***
AR(2)검정				0.801	0.789	0.851

주: 1) ( )은 t값이고, *, **, ***은 각각 유의수준 10%, 5%, 1%에서 유의함을 나타냄.
2) 모든 모형은 설명변수의 내생성 가정한 도구변수를 사용함(설명변수의 t-2, t-3, t-4 시차를 도구변수로 사용하였음).
3) AR(1), AR(2)의 귀무가설은 각각 '잔차 1차 자기상관, 2차 자기상관이 없다'로 AR(1)은 귀무가설을 기각하여야 하며, AR(2)는 귀무가설을 채택하여야 한다. 즉 잔차의 2차 시계열자기상관이 없어야 한다.
4) Sargan 검정은 과도식별제약에 대한 검정으로 귀무가설은 '도구변수의 선택이 옳다'이므로 귀무가설을 기각하지 않아야 한다.

[표 5-16] 중부지역에서 비국유기업의 기술파급효과에 대한 분석결과

독립변수	정태패널			동태패널		
	모형1	모형2	모형3	모형4	모형5	모형6
	고정효과	고정효과	고정효과			
log (va(-1))				0.536*** (20.935)	0.523*** (18.326)	0.534*** (21.047)
log(l)	1.081*** (29.309)	1.069*** (28.803)	1.086*** (29.160)	0.668*** (21.066)	0.694*** (18.412)	0.669*** (19.448)
log(k)	1.046*** (31.969)	1.051*** (32.055)	1.043*** (31.672)	0.509*** (13.886)	0.521*** (12.276)	0.512*** (14.286)
pcm	0.002*** (3.132)	0.002*** (3.028)	0.002*** (3.290)	0.009* (1.689)	0.001** (2.260)	0.001** (2.261)
hori	0.008*** (3.311)			0.001*** (2.905)		
forw	0.001 (0.088)			0.007 (0.962)		
back	-0.001 (-0.849)			-0.003 (-1.158)		
horit		0.009*** (2.739)			0.005*** (2.932)	
forwt		-0.001 (-0.155)			0.003 (0.611)	
backt		-0.001 (-0.378)			-0.006 (-1.424)	
horio			0.008*** (2.693)			0.006** (1.981)
forwo			-0.001 (-0.116)			0.007 (0.997)
backo			-0.001 (-0.735)			-0.002 (-0.931)
R2	0.967	0.967	0.966			
DW	1.691	1.648	1.665			
F-test	13.885 (0.000)	13.816 (0.000)	13.540 (0.000)			
Hausman test	56.968 (0.000)	61.309 (0.000)	56.699 (0.000)			
Sargan's test				5.021 (0.889)	6.771 (0.746)	5.432 (0.860)
AR(1)검정				-4.662***	-4.789***	-3.926***
AR(2)검정				0.551	0.596	0.631

주: 1) ( )은 t값이고, *, **, ***은 각각 유의수준 10%, 5%, 1%에서 유의함을 나타냄.
2) 모든 모형은 설명변수의 내생성 가정한 도구변수를 사용함(설명변수의 t-2, t-3, t-4 시차를 도구변수로 사용하였음).
3) AR(1), AR(2)의 귀무가설은 각각 '잔차 1차 자기상관, 2차 자기상관이 없다'로 AR(1)은 귀무가설을 기각하여야 하며, AR(2)는 귀무가설을 채택하여야 한다. 즉 잔차의 2차 시계열자기상관이 없어야 한다.
4) Sargan 검정은 과도식별제약에 대한 검정으로 귀무가설은 '도구변수의 선택이 옳다'이므로 귀무가설을 기각하지 않아야 한다.

[표 5-17] 중부지역에서 국유기업의 기술파급효과에 대한 분석결과

독립변수	정태패널			동태패널		
	모형1 고정효과	모형2 고정효과	모형3 고정효과	모형4	모형5	모형6
log (va(-1))				0.014 (0.354)	0.027 (0.636)	-0.001 (-0.002)
log(l)	0.651*** (27.427)	0.653*** (27.322)	0.651*** (27.586)	0.605*** (17.111)	0.591*** (15.951)	0.615*** (17.015)
log(k)	0.322*** (27.314)	0.322*** (26.943)	0.321*** (27.448)	0.335*** (17.519)	0.343*** (17.377)	0.331*** (16.081)
pcm	-0.001*** (-6.856)	-0.001*** (-6.799)	-0.001*** (-6.779)	-0.001*** (-3.521)	-0.001** (-2.546)	-0.001*** (-3.148)
hori	-0.003 (-1.114)			-0.073* (-1.865)		
forw	-0.001 (-0.464)			0.003 (0.534)		
back	0.001* (1.823)			0.001* (1.892)		
horit		-0.004 (-1.046)			-0.110 (-1.169)	
forwt		0.003 (0.397)			0.015 (1.063)	
backt		0.002 (1.136)			-0.001 (-0.557)	
horio			-0.007** (-1.969)			-0.056** (-2.403)
forwo			-0.004 (-0.876)			0.001 (0.023)
backo			0.003** (2.214)			0.001** (2.229)
R2	0.979	0.978	0.979			
DW	1.782	1.771	1.779			
F-test	12.452 (0.000)	12.415 (0.000)	12.937 (0.000)			
Hausman test	43.704 (0.000)	48.734 (0.000)	43.282 (0.000)			
Sargan's test				8.989 (0.533)	8.702 (0.560)	10.021 (0.438)
AR(1)검정				-6.110***	-6.023***	-5.963***
AR(2)검정				0.963	0.987	0.862

주: 1). ( )은 t값이고, *, **, ***은 각각 유의수준 10%, 5%, 1%에서 유의함을 나타냄.
2) 모든 모형은 설명변수의 내생성 가정한 도구변수를 사용함(설명변수의 t-2, t-3, t-4 시차를 도구변수로 사용하였음).
3) AR(1), AR(2)의 귀무가설은 각각 '잔차 1차 자기상관, 2차 자기상관이 없다'로 AR(1)은 귀무가설을 기각하여야 하며, AR(2)는 귀무가설을 채택하여야 한다. 즉 잔차의 2차 시계열자기상관이 없어야 한다.
4) Sargan 검정은 과도식별제약에 대한 검정으로 귀무가설은 '도구변수의 선택이 옳다'이므로 귀무가설을 기각하지 않아야 한다.

[표 5-18] 중부지역에서 국내기업의 기술파급효과에 대한 분석결과

독립변수	정태패널			동태패널		
	모형1	모형2	모형3	모형4	모형5	모형6
	고정효과	고정효과	고정효과			
log (va(-1))				0.613*** (24.399)	0.599*** (22.806)	0.614*** (25.811)
log(l)	1.167*** (23.279)	1.136*** (22.746)	1.163*** (22.833)	0.707*** (16.647)	0.739*** (14.719)	0.706*** (16.654)
log(k)	1.026*** (32.304)	1.038*** (32.536)	1.026*** (31.903)	0.381*** (12.373)	0.383*** (11.979)	0.379*** (12.531)
pcm	0.004*** (3.843)	0.004*** (3.592)	0.005*** (4.098)	0.002*** (3.762)	0.002*** (3.659)	0.002*** (3.135)
hori	0.007*** (3.052)			0.003** (2.229)		
forw	-0.001 (-0.156)			0.005 (1.068)		
back	0.001 (0.383)			-0.001 (-1.158)		
horit		0.008** (2.348)			0.001** (2.401)	
forwt		-0.001 (-0.237)			0.002 (0.725)	
backt		0.001 (0.698)			-0.002 (-1.249)	
horio			0.005* (1.784)			0.001* (1.779)
forwo			-0.001 (-0.345)			0.006 (0.509)
backo			0.001 (0.518)			-0.002 (-1.205)
R2	0.965	0.965	0.964			
DW	1.953	1.942	1.921			
F-test	19.496 (0.000)	19.489 (0.000)	18.914 (0.000)			
Hausman test	148.455 (0.000)	154.123 (0.000)	150.821 (0.000)			
Sargan's test				14.081 (0.169)	13.910 (0.177)	14.112 (0.167)
AR(1)검정				-4.895***	-4.921***	-5.031***
AR(2)검정				0.654	0.721	0.771

주: 1) ( )은 t값이고, *, **, ***은 각각 유의수준 10%, 5%, 1%에서 유의함을 나타냄.

2) 모든 모형은 설명변수의 내생성 가정한 도구변수를 사용함(설명변수의 t-2, t-3, t-4 시차를 도구변수로 사용하였음).

3) AR(1), AR(2)의 귀무가설은 각각 '잔차 1차 자기상관, 2차 자기상관이 없다'로 AR(1)은 귀무가설을 기각하여야 하며, AR(2)는 귀무가설을 채택하여야 한다. 즉 잔차의 2차 시계열자기상관이 없어야 한다.

4) Sargan 검정은 과도식별제약에 대한 검정으로 귀무가설은 '도구변수의 선택이 옳다'이므로 귀무가설을 기각하지 않아야 한다.

[표 5-19] 기술 집약형산업 내 전국에서 비국유기업의 기술파급효과

독립변수	정태패널			동태패널		
	모형1	모형2	모형3	모형4	모형5	모형6
	고정효과	고정효과	고정효과			
log (va(-1))				0.348*** (8.554)	0.359*** (8.328)	0.349*** (8.391)
log(l)	1.267*** (29.895)	1.311*** (31.050)	1.269*** (31.561)	0.928*** (12.281)	0.929*** (0.074)	0.944*** (12.457)
log(k)	1.011*** (28.633)	0.998*** (27.924)	1.016*** (28.585)	0.532*** (10.734)	0.527*** (10.446)	0.518*** (10.453)
pcm	0.011*** (4.499)	0.012*** (4.917)	0.011*** (4.376)	0.002*** (3.859)	0.002*** (3.329)	0.001*** (3.726)
hori	0.007** (2.547)			0.002** (2.618)		
forw	-0.008*** (-2.781)			-0.001*** (-2.872)		
back	0.001 (0.927)			-0.001 (-0.636)		
horit		0.014** (2.222)			0.003** (2.278)	
forwt		-0.038*** (-3.546)			-0.008*** (-3.879)	
backt		0.002* (1.894)			0.003** (2.282)	
horio			0.007** (2.438)			0.002*** (3.868)
forwo			-0.007 (-1.095)			-0.006** (-2.383)
backo			0.001 (0.501)			-0.001 (-1.021)
R2	0.993	0.993	0.993			
DW	1.342	1.320	1.321			
F-test	58.940 (0.000)	59.490 (0.000)	59.057 (0.000)			
Hausman test	53.997 (0.000)	70.666 (0.000)	58.546 (0.000)			
Sargan's test				15.341 (0.120)	11.482 (0.321)	14.492 (0.151)
AR(1)검정				-5.211***	-5.365***	-5.410***
AR(2)검정				0.698	0.219	0.712

주: 1) ( )은 t값이고, *, **, ***은 각각 유의수준 10%, 5%, 1%에서 유의함을 나타냄.
2) 모든 모형은 설명변수의 내생성 가정한 도구변수를 사용함(설명변수의 t-2, t-3, t-4 시차를 도구변수로 사용하였음).
3) AR(1), AR(2)의 귀무가설은 각각 '잔차 1차 자기상관, 2차 자기상관이 없다'로 AR(1)은 귀무가설을 기각하여야 하며, AR(2)는 귀무가설을 채택하여야 한다. 즉 잔차의 2차 시계열자기상관이 없어야 한다.
4) Sargan 검정은 과도식별제약에 대한 검정으로 귀무가설은 '도구변수의 선택이 옳다'이므로 귀무가설을 기각하지 않아야 한다.

[표 5-20] 기술 집약형산업 내 전국에서 국유기업의 기술파급효과

독립변수	정태패널			동태패널		
	모형1	모형2	모형3	모형4	모형5	모형6
	확률효과	확률효과	확률효과			
log (va(-1))				0.199*** (4.202)	0.193*** (3.534)	0.223*** (4.726)
log(l)	0.682*** (15.707)	0.641*** (15.579)	0.688*** (16.471)	0.719*** (13.215)	0.721*** (12.143)	0.744*** (13.775)
log(k)	0.601*** (32.989)	0.609*** (34.118)	0.601*** (33.563)	0.522*** (37.595)	0.531*** (38.191)	0.522*** (35.632)
pcm	-0.001 (-1.221)	-0.001 (-1.495)	-0.001 (-1.087)	-0.004 (-0.899)	-0.003 (-0.754)	-0.003 (-0.172)
hori	0.002 (0.522)			-0.001 (-0.275)		
forw	0.007 (1.597)			0.011*** (3.272)		
back	-0.001 (-0.478)			-0.001 (-1.593)		
horit		-0.023** (-2.283)			-0.005** (-2.364)	
forwt		0.036** (2.260)			0.005** (2.273)	
backt		-0.001 (-0.289)			-0.001 (-0.254)	
horio			0.005 (1.116)			0.002 (0.678)
forwo			0.006 (1.232)			0.011 (1.111)
backo			-0.001 (-0.330)			-0.001 (-0.952)
C	5.935*** (10.488)	6.526*** (12.446)	5.853*** (10.835)			
R2	0.991	0.990	0.991			
DW	1.755	1.742	1.761			
F-test						
Hausman test	9.740 (0.136)	9.732 (0.134)	10.533 (0.104)			
Sargan's test				11.803 (0.298)	10.033 (0.437)	14.515 (0.150)
AR(1)검정				-5.190***	-4.982***	-5.013***
AR(2)검정				0.593	0.582	0.611

주: 1) ( )은 t값이고, *, **, ***은 각각 유의수준 10%, 5%, 1%에서 유의함을 나타냄.
2) 모든 모형은 설명변수의 내생성 가정한 도구변수를 사용함(설명변수의 t-2, t-3, t-4 시차를 도구변수로 사용하였음).
3) AR(1), AR(2)의 귀무가설은 각각 '잔차 1차 자기상관, 2차 자기상관이 없다'로 AR(1)은 귀무가설을 기각하여야 하며, AR(2)는 귀무가설을 채택하여야 한다. 즉 잔차의 2차 시계열자기상관이 없어야 한다.
4) Sargan 검정은 과도식별제약에 대한 검정으로 귀무가설은 '도구변수의 선택이 옳다'이므로 귀무가설을 기각하지 않아야 한다.

[표 5-21] 기술 집약형산업 내 전국에서 국내기업의 기술파급효과

독립변수	정태패널			동태패널		
	모형1	모형2	모형3	모형4	모형5	모형6
	고정효과	고정효과	고정효과			
log (va(-1))				0.483*** (14.364)	0.489*** (13.273)	0.488*** (14.345)
log(l)	1.367*** (17.288)	1.432*** (16.258)	1.407*** (17.643)	0.731*** (9.262)	0.747*** (8.964)	0.755*** (8.976)
log(k)	1.041*** (22.707)	1.088*** (22.598)	1.063*** (22.664)	0.499*** (11.794)	0.511*** (10.784)	0.491*** (11.449)
pcm	0.014*** (3.361)	0.021*** (4.956)	0.015*** (3.440)	0.005*** (3.604)	0.002*** (3.767)	0.004*** (3.359)
hori	0.025*** (6.755)			0.007** (2.283)		
forw	-0.011** (-2.552)			-0.001** (-2.521)		
back	0.001 (0.213)			-0.001 (-0.752)		
horit		0.041*** (4.069)			0.008* (1.915)	
forwt		-0.048*** (-2.913)			-0.011** (-2.259)	
backt		0.002 (1.149)			-0.002 (-1.085)	
horio			0.023*** (5.293)			0.005* (1.739)
forwo			-0.009 (-0.800)			-0.002*** (-3.611)
backo			0.001 (0.199)			-0.001 (-0.817)
R2	0.986	0.984	0.985			
DW	1.409	1.386	1.367			
F-test	50.110 (0.000)	44.618 (0.000)	46.762 (0.000)			
Hausman test	64.903 (0.000)	85.551 (0.000)	70.003 (0.000)			
Sargan's test				12.932 (0.227)	13.134 (0.216)	10.091 (0.432)
AR(1)검정				-4.128***	-4.328***	-4.438***
AR(2)검정				0.631	0.649	0.706

주: 1) ( )은 t값이고, *, **, ***은 각각 유의수준 10%, 5%, 1%에서 유의함을 나타냄.
2) 모든 모형은 설명변수의 내생성 가정한 도구변수를 사용함(설명변수의 t-2, t-3, t-4 시차를 도구변수로 사용하였음).
3) AR(1), AR(2)의 귀무가설은 각각 '잔차 1차 자기상관, 2차 자기상관이 없다'로 AR(1)은 귀무가설을 기각하여야 하며, AR(2)는 귀무가설을 채택하여야 한다. 즉 잔차의 2차 시계열자기상관이 없어야 한다.
4) Sargan 검정은 과도식별제약에 대한 검정으로 귀무가설은 '도구변수의 선택이 옳다'이므로 귀무가설을 기각하지 않아야 한다.

[표 5-22] 기술 집약형산업 내 동부지역에서 비국유기업의 기술파급효과

독립변수	정태패널			동태패널		
	모형1	모형2	모형3	모형4	모형5	모형6
	고정효과	고정효과	고정효과			
log (va(-1))				0.399*** (11.201)	0.427*** (12.874)	0.396*** (11.654)
log(l)	1.207*** (20.636)	1.297*** (23.020)	1.227*** (21.206)	0.871*** (12.856)	0.821*** (12.034)	0.884*** (12.584)
log(k)	0.996*** (20.504)	0.995*** (20.216)	1.006*** (20.227)	0.466*** (11.268)	0.467*** (14.306)	0.453*** (11.361)
pcm	-0.001 (-0.015)	0.002 (1.079)	0.001 (0.147)	-0.002 (-0.393)	-0.003 (-0.887)	-0.003 (-0.689)
hori	0.012*** (4.218)			0.002*** (3.627)		
forw	-0.005** (-2.047)			-0.004*** (-3.469)		
back	0.001 (0.062)			-0.001 (-0.951)		
horit		0.022*** (3.473)			0.004*** (3.176)	
forwt		-0.017 (-0.646)			-0.012*** (-3.731)	
backt		-0.001 (-0.338)			0.012 (0.233)	
horio			0.008*** (2.825)			0.002*** (3.728)
forwo			-0.004 (-1.331)			0.001 (0.439)
backo			0.001 (0.230)			-0.001 (-1.192)
R2	0.986	0.986	0.985			
DW	2.179	2.099	2.097			
F-test	37.679 (0.000)	36.647 (0.000)	36.020 (0.000)			
Hausman test	28.251 (0.000)	38.939 (0.000)	31.372 (0.000)			
Sargan's test				7.881 (0.640)	9.430 (0.491)	8.593 (0.571)
AR(1)검정				-5.488***	-5.741***	-5.772***
AR(2)검정				0.964	0.973	0.903

주: 1) ( )은 t값이고, *, **, ***은 각각 유의수준 10%, 5%, 1%에서 유의함을 나타냄.
2) 모든 모형은 설명변수의 내생성 가정한 도구변수를 사용함(설명변수의 t-2, t-3, t-4 시차를 도구변수로 사용하였음).
3) AR(1), AR(2)의 귀무가설은 각각 '잔차 1차 자기상관, 2차 자기상관이 없다'로 AR(1)은 귀무가설을 기각하여야 하며, AR(2)는 귀무가설을 채택하여야 한다. 즉 잔차의 2차 시계열자기상관이 없어야 한다.
4) Sargan 검정은 과도식별제약에 대한 검정으로 귀무가설은 '도구변수의 선택이 옳다' 이므로 귀무가설을 기각하지 않아야 한다.

[표 5-23] 기술 집약형산업 내 동부지역에서 국유기업의 기술파급효과

독립변수	정태패널			동태패널		
	모형1	모형2	모형3	모형4	모형5	모형6
	고정효과	고정효과	고정효과			
log (va(-1))				0.037* (1.864)	0.037 (1.577)	0.039** (2.303)
log(l)	0.563*** (12.703)	0.550*** (12.990)	0.563*** (13.185)	0.578*** (19.808)	0.584*** (18.253)	0.577*** (20.926)
log(k)	0.391*** (20.648)	0.402*** (22.282)	0.388*** (21.468)	0.424*** (17.538)	0.428*** (17.052)	0.425*** (18.131)
pcm	-0.003*** (-5.948)	-0.003*** (-6.240)	-0.002*** (-5.719)	-0.003*** (-6.618)	-0.003*** (-5.226)	-0.003*** (-8.267)
hori	-0.002 (-0.496)			-0.002*** (-3.352)		
forw	0.011*** (2.611)			0.004*** (3.234)		
back	-0.001 (-0.289)			-0.001 (-0.759)		
horit		-0.021* (-1.716)			-0.138** (-2.359)	
forwt		0.019 (1.604)			0.012 (1.259)	
backt		0.001 (0.307)			-0.003 (-0.928)	
horio			-0.002 (-0.314)			0.051 (1.294)
forwo			0.015** (2.570)			0.061*** (3.065)
backo			-0.001 (-0.293)			0.001 (0.919)
R2	0.974	0.973	0.974			
DW	2.056	2.038	2.077			
F-test	10.580 (0.000)	11.625 (0.000)	10.755 (0.000)			
Hausman test	23.055 (0.001)	23.889 (0.001)	23.308 (0.001)			
Sargan's test				6.181 (0.799)	7.451 (0.682)	10.132 (0.428)
AR(1)검정				-6.121***	-6.231***	-5.918***
AR(2)검정				1.268	1.396	1.191

주: 1) ( )은 t값이고, *, **, ***은 각각 유의수준 10%, 5%, 1%에서 유의함을 나타냄.
2) 모든 모형은 설명변수의 내생성 가정한 도구변수를 사용함(설명변수의 t-2, t-3, t-4 시차를 도구변수로 사용하였음).
3) AR(1), AR(2)의 귀무가설은 각각 '잔차 1차 자기상관, 2차 자기상관이 없다'로 AR(1)은 귀무가설을 기각하여야 하며, AR(2)는 귀무가설을 채택하여야 한다. 즉 잔차의 2차 시계열자기상관이 없어야 한다.
4) Sargan 검정은 과도식별제약에 대한 검정으로 귀무가설은 '도구변수의 선택이 옳다'이므로 귀무가설을 기각하지 않아야 한다.

[표 5-24] 기술 집약형산업 내 동부지역에서 국내기업의 기술파급효과

독립변수	정태패널			동태패널		
	모형1	모형2	모형3	모형4	모형5	모형6
	고정효과	고정효과	고정효과			
log (va(-1))				0.431*** (11.619)	0.436*** (14.443)	0.441*** (12.061)
log(l)	1.277*** (17.034)	1.380*** (17.173)	1.293*** (17.276)	0.862*** (13.927)	0.856*** (14.921)	0.864*** (13.707)
log(k)	1.034*** (21.553)	1.073*** (21.066)	1.053*** (21.489)	0.487*** (13.631)	0.502*** (15.738)	0.469*** (13.569)
pcm	0.003 (1.089)	0.009*** (2.606)	0.003 (1.016)	-0.001 (-0.471)	-0.001 (-0.373)	-0.001 (-0.534)
hori	0.018*** (6.053)			0.001** (2.094)		
forw	-0.003 (-1.502)			-0.004 (-0.437)		
back	-0.001 (-0.723)			0.001 (1.019)		
horit		0.017 (1.279)			0.003*** (3.936)	
forwt		-0.008 (-1.176)			-0.006 (-1.058)	
backt		-0.001 (-0.726)			0.002 (1.161)	
horio			0.015 (0.844)			0.002** (2.324)
forwo			-0.004 (-1.035)			0.003 (1.383)
backo			-0.001 (-0.412)			-0.001 (-1.218)
R2	0.984	0.982	0.983			
DW	2.377	2.207	2.322			
F-test	44.601 (0.000)	38.579 (0.000)	42.380 (0.000)			
Hausman test	48.447 (0.000)	78.277 (0.000)	51.556 (0.000)			
Sargan's test				9.114 (0.521)	9.894 (0.449)	8.935 (0.538)
AR(1)검정				-4.821***	-4.712***	-4.912***
AR(2)검정				1.396	1.411	1.512

주: 1) ( )은 t값이고, *, **, ***은 각각 유의수준 10%, 5%, 1%에서 유의함을 나타냄.
2) 모든 모형은 설명변수의 내생성 가정한 도구변수를 사용함(설명변수의 t-2, t-3, t-4 시차를 도구변수로 사용하였음).
3) AR(1), AR(2)의 귀무가설은 각각 '잔차 1차 자기상관, 2차 자기상관이 없다'로 AR(1)은 귀무가설을 기각하여야 하며, AR(2)는 귀무가설을 채택하여야 한다. 즉 잔차의 2차 시계열자기상관이 없어야 한다.
4) Sargan 검정은 과도식별제약에 대한 검정으로 귀무가설은 '도구변수의 선택이 옳다'이므로 귀무가설을 기각하지 않아야 한다.

[표 5-25] 기술 집약형산업 내 서부지역에서 비국유기업의 기술파급효과

독립변수	정태패널			동태패널		
	모형1	모형2	모형3	모형4	모형5	모형6
	고정효과	고정효과	고정효과			
log (va(-1))				0.563*** (21.821)	0.583*** (21.876)	0.566*** (21.391)
log(l)	0.658*** (7.921)	0.701*** (8.019)	0.661*** (7.946)	0.539*** (7.919)	0.539*** (8.101)	0.539*** (8.233)
log(k)	1.147*** (15.464)	1.152*** (14.684)	1.146*** (15.324)	0.475*** (9.381)	0.479*** (9.257)	0.469*** (9.121)
pcm	0.007*** (4.330)	0.008*** (4.602)	0.007*** (4.414)	0.002*** (3.536)	0.002*** (3.777)	0.002*** (3.529)
hori	0.030*** (4.963)			0.008** (2.545)		
forw	-0.018** (-2.349)			-0.001** (-2.387)		
back	0.002 (0.584)			0.001 (0.875)		
horit		0.034 (1.564)			0.005 (0.673)	
forwt		-0.013 (-0.673)			-0.011 (-0.823)	
backt		0.003 (0.626)			0.003 (0.725)	
horio			0.031*** (4.910)			0.009*** (2.951)
forwo			-0.023** (-2.479)			-0.006** (-2.129)
backo			0.001 (0.027)			-0.001 (-0.287)
R2	0.971	0.968	0.971			
DW	1.967	1.831	1.977			
F-test	9.029 (0.000)	7.519 (0.000)	9.255 (0.000)			
Hausman test	37.921 (0.000)	39.341 (0.000)	38.176 (0.000)			
Sargan's test				5.467 (0.857)	4.389 (0.928)	7.001 (0.725)
AR(1)검정				-5.364***	-5.094***	-4.962***
AR(2)검정				1.712	1.655	1.746

주: 1) ( )은 t값이고, *, **, ***은 각각 유의수준 10%, 5%, 1%에서 유의함을 나타냄.
2) 모든 모형은 설명변수의 내생성 가정한 도구변수를 사용함(설명변수의 t-2, t-3, t-4 시차를 도구변수로 사용하였음).
3) AR(1), AR(2)의 귀무가설은 각각 '잔차 1차 자기상관, 2차 자기상관이 없다'로 AR(1)은 귀무가설을 기각하여야 하며, AR(2)는 귀무가설을 채택하여야 한다. 즉 잔차의 2차 시계열자기상관이 없어야 한다.
4) Sargan 검정은 과도식별제약에 대한 검정으로 귀무가설은 '도구변수의 선택이 옳다'이므로 귀무가설을 기각하지 않아야 한다.

[표 5-26] 기술 집약형산업 내 서부지역에서 국유기업의 기술파급효과

독립변수	정태패널			동태패널		
	모형1	모형2	모형3	모형4	모형5	모형6
	고정효과	고정효과	고정효과			
log (va(-1))				0.171*** (2.865)	0.143** (2.397)	0.181*** (2.793)
log(l)	0.623*** (13.018)	0.633*** (13.257)	0.622*** (13.061)	0.461*** (6.337)	0.483*** (6.521)	0.457*** (6.189)
log(k)	0.436*** (24.810)	0.435*** (25.975)	0.438*** (25.004)	0.412*** (19.849)	0.412*** (21.482)	0.412*** (20.073)
pcm	-0.001 (-0.835)	-0.001 (-0.648)	-0.001 (-0.835)	-0.001 (-1.111)	-0.001 (-0.905)	-0.001 (-1.262)
hori	0.002 (0.372)			0.002 (0.343)		
forw	-0.003 -(0.409)			-0.001 (-0.078)		
back	0.002 (0.696)			-0.001 (-0.247)		
horit		0.028 (1.162)			0.011 (0.582)	
forwt		-0.017 (-0.849)			-0.001 (-0.409)	
backt		0.003 (0.859)			-0.003 (-1.312)	
horio			0.001 (0.144)			0.001 (0.031)
forwo			0.001 (0.013)			-0.004 (-1.007)
backo			0.001 (0.033)			0.004 (1.618)
R2	0.978	0.979	0.978			
DW	1.341	1.363	1.336			
F-test	7.355 (0.000)	7.872 (0.000)	7.123 (0.000)			
Hausman test	17.550 (0.008)	21.155 (0.002)	17.739 (0.007)			
Sargan's test				11.031 (0.355)	10.446 (0.402)	12.396 (0.259)
AR(1)검정				-6.284***	-5.982***	-6.178***
AR(2)검정				1.529	1.493	1.539

주: 1) ( )은 t값이고, *, **, ***은 각각 유의수준 10%, 5%, 1%에서 유의함을 나타냄.
2) 모든 모형은 설명변수의 내생성 가정한 도구변수를 사용함(설명변수의 t-2, t-3, t-4 시차를 도구변수로 사용하였음).
3) AR(1), AR(2)의 귀무가설은 각각 '잔차 1차 자기상관, 2차 자기상관이 없다'로 AR(1)은 귀무가설을 기각하여야 하며, AR(2)는 귀무가설을 채택하여야 한다. 즉 잔차의 2차 시계열자기상관이 없어야 한다.
4) Sargan 검정은 과도식별제약에 대한 검정으로 귀무가설은 '도구변수의 선택이 옳다'이므로 귀무가설을 기각하지 않아야 한다.

[표 5-27] 기술 집약형산업 내 서부지역에서 국내기업의 기술파급효과

	정태패널			동태패널		
독립변수	모형1	모형2	모형3	모형4	모형5	모형6
	고정효과	고정효과	고정효과			
log (va(-1))				0.538*** (14.959)	0.562*** (13.751)	0.533*** (14.177)
log(l)	0.771*** (8.194)	0.793*** (8.052)	0.758*** (8.012)	0.418*** (7.244)	0.397*** (6.582)	0.425*** (8.305)
log(k)	1.232*** (31.055)	1.254*** (30.496)	1.234*** (30.905)	0.602*** (13.806)	0.583*** (12.233)	0.601*** (12.732)
pcm	0.001 (0.525)	0.004* (1.612)	0.001 (0.608)	0.003** (2.215)	0.003** (2.374)	0.003*** (2.435)
hori	0.019*** (4.556)			0.001*** (0.419)		
forw	-0.012** (-2.461)			-0.003** (-2.409)		
back	0.001 (0.966)			0.002 (1.336)		
horit		0.021 (1.457)			0.023 (0.673)	
forwt		-0.011 (-0.880)			0.024 (0.316)	
backt		-0.006 (1.144)			-0.004 (-0.764)	
horio			0.021*** (4.584)			0.003* (1.886)
forwo			-0.014** (-2.228)			-0.031** (-2.165)
backo			-0.001 (-0.134)			-0.021 (-0.558)
R2	0.984	0.983	0.985			
DW	2.118	1.978	2.134			
F-test	31.423 (0.000)	28.849 (0.000)	32.138 (0.000)			
Hausman test	74.418 (0.000)	86.087 (0.000)	72.435 (0.000)			
Sargan's test				8.972 (0.534)	7.632 (0.664)	7.693 (0.658)
AR(1)검정				-5.321***	-5.413***	-4.931***
AR(2)검정				1.801	1.795	1.697

주: 1) ( )은 t값이고, *, **, ***은 각각 유의수준 10%, 5%, 1%에서 유의함을 나타냄.
2) 모든 모형은 설명변수의 내생성 가정한 도구변수를 사용함(설명변수의 t-2, t-3, t-4 시차를 도구변수로 사용하였음).
3) AR(1), AR(2)의 귀무가설은 각각 '잔차 1차 자기상관, 2차 자기상관이 없다'로 AR(1)은 귀무가설을 기각하여야 하며, AR(2)는 귀무가설을 채택하여야 한다. 즉 잔차의 2차 시계열자기상관이 없어야 한다.
4) Sargan 검정은 과도식별제약에 대한 검정으로 귀무가설은 '도구변수의 선택이 옳다'이므로 귀무가설을 기각하지 않아야 한다.

[표 5-28] 기술 집약형산업 내 중부지역에서 비국유기업의 기술파급효과

독립변수	정태패널			동태패널		
	모형1 고정효과	모형2 고정효과	모형3 고정효과	모형4	모형5	모형6
log (va(-1))				0.647*** (23.201)	0.649*** (19.131)	0.638*** (22.291)
log(l)	1.076*** (17.131)	1.094*** (17.249)	1.095*** (17.851)	0.462*** (12.897)	0.441*** (11.764)	0.466*** (13.311)
log(k)	1.001*** (21.086)	0.998*** (20.854)	0.993*** (21.107)	0.434*** (12.138)	0.433*** (9.858)	0.439*** (12.243)
pcm	0.006*** (4.001)	0.006*** (4.218)	0.007*** (4.597)	0.005*** (4.059)	0.005*** (5.726)	0.005*** (4.291)
hori	0.010** (2.597)			0.003** (2.288)		
forw	-0.001 (-0.009)			0.004 (1.212)		
back	-0.001 (-0.518)			-0.001 (-0.567)		
horit		0.007 (1.289)			-0.007 (-1.033)	
forwt		0.001 (0.167)			0.011 (1.111)	
backt		-0.001 (-0.457)			0.001 (0.092)	
horio			0.019*** (3.263)			0.004*** (3.599)
forwo			-0.002 (-0.379)			0.004 (0.516)
backo			-0.001 (-0.503)			-0.002 (-0.927)
R2	0.958	0.958	0.959			
DW	2.095	2.061	2.089			
F-test	7.763 (0.000)	7.638 (0.000)	7.886 (0.000)			
Hausman test	28.352 (0.000)	24.763 (0.000)	29.654 (0.000)			
Sargan's test				14.336 (0.158)	12.987 (0.224)	14.299 (0.162)
AR(1)검정				-4.135***	-4.589***	-4.371***
AR(2)검정				1.413	1.398	1.502

주: 1) ( )은 t값이고, *, **, ***은 각각 유의수준 10%, 5%, 1%에서 유의함을 나타냄.
2) 모든 모형은 설명변수의 내생성 가정한 도구변수를 사용함(설명변수의 t-2, t-3, t-4 시차를 도구변수로 사용하였음).
3) AR(1), AR(2)의 귀무가설은 각각 '잔차 1차 자기상관, 2차 자기상관이 없다'로 AR(1)은 귀무가설을 기각하여야 하며, AR(2)는 귀무가설을 채택하여야 한다. 즉 잔차의 2차 시계열자기상관이 없어야 한다.
4) Sargan 검정은 과도식별제약에 대한 검정으로 귀무가설은 '도구변수의 선택이 옳다'이므로 귀무가설을 기각하지 않아야 한다.

[표 5-29] 기술 집약형산업 내 중부지역에서 국유기업의 기술파급효과

독립변수	정태패널			동태패널		
	모형1	모형2	모형3	모형4	모형5	모형6
	고정효과	고정효과	고정효과			
log (va(-1))				-0.002 (-0.027)	0.003 (0.087)	-0.054 (-1.257)
log(l)	0.669*** (18.165)	0.6700*** (18.584)	0.674*** (18.512)	0.632*** (13.389)	0.646*** (13.952)	0.643*** (15.269)
log(k)	0.357*** (22.569)	0.361*** (22.910)	0.355*** (22.766)	0.353*** (16.641)	0.358*** (15.712)	0.348*** (15.069)
pcm	-0.003** (-2.200)	-0.001** (-2.068)	-0.001** (-2.170)	-0.001*** (-3.805)	-0.001*** (-3.121)	-0.001*** (-3.842)
hori	-0.002 (-0.417)			0.004 (1.331)		
forw	-0.002 (-0.580)			0.003 (0.509)		
back	0.002* (1.823)			-0.002 (-0.429)		
horit		-0.011* (-1.878)			-0.005* (-1.822)	
forwt		0.006 (0.541)			0.009 (1.443)	
backt		0.002 (0.968)			-0.006 (-1.628)	
horio			0.001 (0.078)			-0.002 (-0.465)
forwo			-0.004 (-0.858)			-0.006 (-0.465)
backo			0.003** (2.044)			0.005** (2.331)
R2	0.977	0.977	0.977			
DW	1.564	1.583	1.549			
F-test	6.428 (0.000)	7.045 (0.000)	6.507 (0.000)			
Hausman test	29.243 (0.000)	27.142 (0.000)	29.073 (0.000)			
Sargan's test				15.896 (0.102)	14.772 (0.140)	15.061 (0.129)
AR(1)검정				-6.302***	-6.416***	-6.011***
AR(2)검정				0.987	1.023	0.897

주: 1) ( )은 t값이고, *, **, ***은 각각 유의수준 10%, 5%, 1%에서 유의함을 나타냄.
2) 모든 모형은 설명변수의 내생성 가정한 도구변수를 사용함(설명변수의 t-2, t-3, t-4 시차를 도구변수로 사용하였음).
3. AR(1), AR(2)의 귀무가설은 각각 '잔차 1차 자기상관, 2차 자기상관이 없다'로 AR(1)은 귀무가설을 기각하여야 하며, AR(2)는 귀무가설을 채택하여야 한다. 즉 잔차의 2차 시계열자기상관이 없어야 한다.
4) Sargan 검정은 과도식별제약에 대한 검정으로 귀무가설은 '도구변수의 선택이 옳다'이므로 귀무가설을 기각하지 않아야 한다.

[표 5-30] 기술 집약형산업 내 중부지역에서 국내기업의 기술파급효과

독립변수	정태패널			동태패널		
	모형1	모형2	모형3	모형4	모형5	모형6
	고정효과	고정효과	고정효과			
log (va(-1))				0.712*** (19.197)	0.701*** (21.682)	0.702*** (21.873)
log(l)	1.156*** (15.219)	1.159*** (14.829)	1.179*** (15.648)	0.601*** (10.488)	0.601*** (10.369)	0.606*** (10.297)
log(k)	1.076*** (24.730)	1.079*** (24.398)	1.066*** (24.543)	0.325*** (7.475)	0.337*** (7.703)	0.333*** (8.058)
pcm	0.006*** (3.902)	0.006*** (3.984)	0.007*** (4.564)	0.004** (2.331)	0.004** (2.269)	0.004** (2.218)
hori	0.009*** (2.839)			0.001** (2.424)		
forw	-0.001 (-0.248)			0.005 (0.709)		
back	0.001 (0.365)			-0.002 (-1.081)		
horit		0.005 (0.942)			-0.002 (-0.806)	
forwt		0.003 (0.268)			0.004 (1.418)	
backt		0.001 (0.463)			-0.002 (-1.423)	
horio			0.016*** (3.122)			0.003* (1.846)
forwo			-0.002 (-0.582)			0.006 (0.589)
backo			0.001 (0.305)			-0.003 (-1.091)
R2	0.967	0.967	0.968			
DW	2.133	2.086	2.136			
F-test	14.511 (0.000)	14.138 (0.000)	14.555 (0.000)			
Hausman test	62.666 (0.000)	58.998 (0.000)	61.885 (0.000)			
Sargan's test				9.907 (0.448)	9.866 (0.452)	10.138 (0.428)
AR(1)검정				-5.321***	-4.982***	-5.011***
AR(2)검정				1.211	1.410	1.392

주: 1) ( )은 t값이고, *, **, ***은 각각 유의수준 10%, 5%, 1%에서 유의함을 나타냄.
2) 모든 모형은 설명변수의 내생성 가정한 도구변수를 사용함(설명변수의 t-2, t-3, t-4 시차를 도구변수로 사용하였음).
3) AR(1), AR(2)의 귀무가설은 각각 '잔차 1차 자기상관, 2차 자기상관이 없다'로 AR(1)은 귀무가설을 기각하여야 하며, AR(2)는 귀무가설을 채택하여야 한다. 즉 잔차의 2차 시계열자기상관이 없어야 한다.
4) Sargan 검정은 과도식별제약에 대한 검정으로 귀무가설은 '도구변수의 선택이 옳다'이므로 귀무가설을 기각하지 않아야 한다.

[표 5-31] 노동 집약형산업 내 전국에서 비국유기업의 기술파급효과

독립변수	정태패널			동태패널		
	모형1	모형2	모형3	모형4	모형5	모형6
	고정효과	고정효과	고정효과			
log (va(-1))				0.443*** (16.801)	0.449*** (17.034)	0.443*** (15.712)
log(l)	1.319*** (27.917)	1.312*** (27.524)	1.311*** (27.864)	0.729*** (12.741)	0.733*** (13.098)	0.729*** (13.157)
log(k)	0.870*** (19.440)	0.888*** (19.763)	0.868*** (19.208)	0.431*** (11.841)	0.424*** (11.862)	0.432*** (11.806)
pcm	0.009*** (4.850)	0.010*** (4.926)	0.009*** (4.724)	0.001*** (3.065)	0.002*** (4.169)	0.002 (1.035)
hori	0.009*** (3.037)			0.018*** (3.299)		
forw	-0.029*** (-4.143)			-0.009** (-1.991)		
back	-0.001 (-0.156)			-0.001 (-0.004)		
horit		0.011** (2.241)			0.008 (1.139)	
forwt		-0.040*** (-3.198)			-0.022** (-2.339)	
backt		-0.003 (-1.025)			0.001 (0.304)	
horio			0.015*** (3.608)			0.011*** (3.494)
forwo			-0.054 (-1.095)			-0.006*** (-3.844)
backo			-0.001 (-0.030)			-0.002 (-1.055)
R2	0.990	0.989	0.989			
DW	1.918	1.930	1.893			
F-test	53.877 (0.000)	50.316 (0.000)	51.040 (0.000)			
Hausman test	64.891 (0.000)	77.793 (0.000)	59.797 (0.000)			
Sargan's test				8.966 (0.535)	8.031 (0.625)	9.181 (10.515)
AR(1)검정				-5.302***	-5.192***	-4.855***
AR(2)검정				1.361	1.201	0.986

주: 1) ( )은 t값이고, *, **, ***은 각각 유의수준 10%, 5%, 1%에서 유의함을 나타냄.
2) 모든 모형은 설명변수의 내생성 가정한 도구변수를 사용함(설명변수의 t-2, t-3, t-4 시차를 도구변수로 사용하였음).
3) AR(1), AR(2)의 귀무가설은 각각 '잔차 1차 자기상관, 2차 자기상관이 없다'로 AR(1)은 귀무가설을 기각하여야 하며, AR(2)는 귀무가설을 채택하여야 한다. 즉 잔차의 2차 시계열자기상관이 없어야 한다.
4) Sargan 검정은 과도식별제약에 대한 검정으로 귀무가설은 '도구변수의 선택이 옳다'이므로 귀무가설을 기각하지 않아야 한다.

[표 5-32] 노동 집약형산업 내 전국에서 국유기업의 기술파급효과

독립변수	정태패널			동태패널		
	모형1	모형2	모형3	모형4	모형5	모형6
	고정효과	확률효과	고정효과			
log (va(-1))				0.252*** (5.607)	0.289*** (5.049)	0.257*** (5.538)
log(l)	0.709*** (20.278)	0.719*** (20.161)	0.716*** (20.699)	0.637*** (13.195)	0.679*** (14.039)	0.634*** (12.742)
log(k)	0.608*** (26.653)	0.593*** (26.027)	0.620*** (27.440)	0.529*** (24.956)	0.521*** (26.522)	0.548*** (27.325)
pcm	-0.001 (-0.014)	-0.001 (-0.542)	0.001 (0.247)	-0.002* (-1.739)	-0.003* (-1.828)	-0.002 (-1.549)
hori	0.004 (1.060)			-0.008 (-1.093)		
forw	0.027** (2.579)			0.045*** (2.783)		
back	-0.006** (-2.225)			-0.006** (-2.278)		
horit		-0.007 (-1.077)			-0.021 (-0.803)	
forwt		0.032 (0.865)			0.038* (1.777)	
backt		-0.006 (-1.410)			-0.003 (-0.791)	
horio			0.009 (1.621)			0.016 (1.171)
forwo			0.063*** (3.214)			0.107*** (4.737)
backo			-0.014*** (-2.990)			-0.014*** (-3.318)
C		5.900*** (13.450)				
R2	0.991	0.991	0.991			
DW	1.667	2.182	1.625			
F-test	44.638 (0.000)		51.586 (0.000)			
Hausman test	11.254 (0.000)	7.686 (0.262)	12.676 (0.048)			
Sargan's test				7.772 (0.651)	8.010 (0.627)	7.621 (0.665)
AR(1)검정				-4.093***	-4.321***	-4.116***
AR(2)검정				1.128	1.531	1.221

주: 1) ( )은 t값이고, *, **, ***은 각각 유의수준 10%, 5%, 1%에서 유의함을 나타냄.
2) 모든 모형은 설명변수의 내생성 가정한 도구변수를 사용함(설명변수의 t-2, t-3, t-4 시차를 도구변수로 사용하였음).
3) AR(1), AR(2)의 귀무가설은 각각 '잔차 1차 자기상관, 2차 자기상관이 없다'로 AR(1)은 귀무가설을 기각하여야 하며, AR(2)는 귀무가설을 채택하여야 한다. 즉 잔차의 2차 시계열자기상관이 없어야 한다.
4) Sargan 검정은 과도식별제약에 대한 검정으로 귀무가설은 '도구변수의 선택이 옳다'이므로 귀무가설을 기각하지 않아야 한다.

[표 5-33] 노동 집약형산업 내 전국에서 국내기업의 기술파급효과

독립변수	정태패널			동태패널		
	모형1	모형2	모형3	모형4	모형5	모형6
	고정효과	고정효과	고정효과			
log (va(-1))				0.451*** (14.295)	0.454*** (15.957)	0.449*** (14.032)
log(l)	1.304*** (17.925)	1.209*** (17.024)	1.275*** (18.186)	0.734*** (14.365)	0.737*** (15.042)	0.727*** (15.064)
log(k)	1.065*** (22.330)	1.103*** (23.061)	1.067*** (22.147)	0.486*** (11.936)	0.486*** (13.331)	0.491*** (11.479)
pcm	-0.006 (-1.963)	-0.005* (-1.638)	-0.006** (-2.087)	-0.001 (-0.987)	-0.001 (-0.839)	-0.002 (-1.009)
hori	0.019*** (4.589)			0.021*** (2.905)		
forw	-0.024*** (-2.720)			-0.006* (-1.721)		
back	0.001 (0.157)			0.001 (0.389)		
horit		0.013** (2.001)			0.007*** (3.571)	
forwt		-0.033** (-2.078)			-0.018** (-2.284)	
backt		0.001 (0.005)			0.001 (0.985)	
horio			0.027*** (4.769)			0.023*** (4.249)
forwo			-0.001** (-0.158)			-0.003*** (-3.413)
backo			-0.001 (-0.158)			-0.002 (-1.059)
R2	0.984	0.982	0.984			
DW	1.912	1.865	1.948			
F-test	41.229 (0.000)	38.721 (0.000)	39.209 (0.000)			
Hausman test	107.653 (0.000)	115.415 (0.000)	101.132 (0.000)			
Sargan's test				15.032 (0.130)	15.176 (0.125)	14.332 (0.158)
AR(1)검정				-4.443***	-4.531***	-4.396***
AR(2)검정				1.631	1.553	1.603

주: 1) ( )은 t값이고, *, **, ***은 각각 유의수준 10%, 5%, 1%에서 유의함을 나타냄.

2) 모든 모형은 설명변수의 내생성 가정한 도구변수를 사용함(설명변수의 t-2, t-3, t-4 시차를 도구변수로 사용하였음).

3. AR(1), AR(2)의 귀무가설은 각각 '잔차 1차 자기상관, 2차 자기상관이 없다'로 AR(1)은 귀무가설을 기각하여야 하며, AR(2)는 귀무가설을 채택하여야 한다. 즉 잔차의 2차 시계열자기상관이 없어야 한다.

4) Sargan 검정은 과도식별제약에 대한 검정으로 귀무가설은 '도구변수의 선택이 옳다'이므로 귀무가설을 기각하지 않아야 한다.

[표 5-34] 노동 집약형산업 내 동부지역에서 비국유기업의 기술파급효과

독립변수	정태패널			동태패널		
	모형1	모형2	모형3	모형4	모형5	모형6
	고정효과	고정효과	고정효과			
log (va(-1))				0.479*** (22.995)	0.479*** (24.611)	0.479*** (21.994)
log(l)	1.322*** (20.126)	1.316*** (19.449)	1.308*** (20.153)	0.971*** (24.824)	0.969*** (22.523)	0.951*** (24.828)
log(k)	0.578*** (9.535)	0.597*** (9.739)	0.579*** (9.551)	0.173*** (6.089)	0.173*** (6.259)	0.179*** (6.588)
pcm	0.005*** (4.409)	0.004*** (4.443)	0.004*** (4.311)	0.005*** (14.737)	0.005*** (17.243)	0.004*** (14.462)
hori	0.008* (1.886)			0.003* (1.852)		
forw	-0.027*** (-3.900)			-0.001*** (-3.019)		
back	-0.001 (-0.264)			-0.001 (-1.374)		
horit		0.010 (0.643)			0.007** (2.151)	
forwt		-0.038** (-2.560)			-0.029*** (-3.141)	
backt		-0.001 (-0.931)			-0.002 (-0.904)	
horio			0.015** (2.433)			0.012*** (3.542)
forwo			-0.047*** (-4.237)			0.002*** (3.212)
backo			-0.001 (-0.058)			-0.002 (-1.188)
R2	0.976	0.975	0.976			
DW	2.124	2.114	2.116			
F-test	14.907 (0.000)	13.745 (0.000)	14.587 (0.000)			
Hausman test	41.313 (0.000)	41.036 (0.000)	38.343 (0.000)			
Sargan's test				12.221 (0.270)	10.376 (0.408)	10.487 (0.398)
AR(1)검정				-6.102***	-5.869***	-6.125***
AR(2)검정				1.662	1.670	1.563

주: 1) ( )은 t값이고, *, **, ***은 각각 유의수준 10%, 5%, 1%에서 유의함을 나타냄.
2) 모든 모형은 설명변수의 내생성 가정한 도구변수를 사용함(설명변수의 t-2, t-3, t-4 시차를 도구변수로 사용하였음).
3) AR(1), AR(2)의 귀무가설은 각각 '잔차 1차 자기상관, 2차 자기상관이 없다'로 AR(1)은 귀무가설을 기각하여야 하며, AR(2)는 귀무가설을 채택하여야 한다. 즉 잔차의 2차 시계열자기상관이 없어야 한다.
4) Sargan 검정은 과도식별제약에 대한 검정으로 귀무가설은 '도구변수의 선택이 옳다'이므로 귀무가설을 기각하지 않아야 한다.

[표 5-35] 노동 집약형산업 내 동부지역에서 국유기업의 기술파급효과

독립변수	정태패널			동태패널		
	모형1	모형2	모형3	모형4	모형5	모형6
	고정효과	고정효과	고정효과			
log (va(-1))				0.035 (0.384)	0.116 (1.372)	0.113 (1.562)
log(l)	0.738*** (17.362)	0.735*** (17.495)	0.742*** (17.331)	0.559*** (11.649)	0.565*** (12.244)	0.564*** (11.861)
log(k)	0.329*** (17.411)	0.328*** (17.749)	0.327*** (17.222)	0.332*** (12.976)	0.324*** (13.037)	0.325*** (14.129)
pcm	-0.001 (-0.571)	-0.001 (-0.589)	-0.001 (-0.761)	-0.002* (-1.661)	-0.002** (-2.081)	-0.002** (-2.541)
hori	0.002 (0.292)			0.021 (0.431)		
forw	0.004 (0.371)			0.016 (1.191)		
back	-0.002 (-1.173)			0.001 (0.102)		
horit		0.003 (0.333)			0.027 (0.498)	
forwt		0.018 (0.816)			0.038 (0.879)	
backt		-0.004 (-1.624)			-0.002** (-2.451)	
horio			0.001 (0.005)			-0.009 (-1.222)
forwo			0.001 (0.055)			0.005 (0.238)
backo			-0.002 (-0.689)			0.003 (0.519)
R2	0.977	0.977	0.977			
DW	2.140	2.146	2.13			
F-test	17.933 (0.000)	16.845 (0.000)	18.478 (0.000)			
Hausman test	16.773 (0.010)	21.910 (0.001)	16.127 (0.013)			
Sargan's test				14.011 (0.172)	14.532 (0.150)	13.071 (0.219)
AR(1)검정				-4.569***	-4.391***	-4.615***
AR(2)검정				1.293	1.321	1.336

주: 1) ( )은 t값이고, *, **, ***은 각각 유의수준 10%, 5%, 1%에서 유의함을 나타냄.
2) 모든 모형은 설명변수의 내생성 가정한 도구변수를 사용함(설명변수의 t-2, t-3, t-4 시차를 도구변수로 사용하였음).
3) AR(1), AR(2)의 귀무가설은 각각 '잔차 1차 자기상관, 2차 자기상관이 없다'로 AR(1)은 귀무가설을 기각하여야 하며, AR(2)는 귀무가설을 채택하여야 한다. 즉 잔차의 2차 시계열자기상관이 없어야 한다.
4) Sargan 검정은 과도식별제약에 대한 검정으로 귀무가설은 '도구변수의 선택이 옳다'이므로 귀무가설을 기각하지 않아야 한다.

[표 5-36] 노동 집약형산업 내 동부지역에서 국내기업의 기술파급효과

독립변수	정태패널			동태패널		
	모형1	모형2	모형3	모형4	모형5	모형6
	고정효과	고정효과	고정효과			
log (va(-1))				0.463*** (21.709)	0.457*** (23.071)	0.462*** (21.518)
log(l)	1.296*** (16.623)	1.253*** (15.676)	1.203*** (16.305)	0.871*** (17.534)	0.883*** (16.233)	0.851*** (18.337)
log(k)	0.983*** (18.797)	1.005*** (19.023)	0.999*** (18.893)	0.364*** (17.423)	0.363*** (17.101)	0.371*** (20.616)
pcm	-0.013*** (-7.018)	-0.013*** (-7.084)	-0.013*** (-7.016)	-0.006*** (-10.353)	-0.006*** (-11.489)	-0.006*** (-9.559)
hori	0.016*** (4.381)			0.012*** (3.414)		
forw	-0.021*** (-3.842)			-0.022*** (-3.472)		
back	0.001 (0.979)			-0.001 (-0.966)		
horit		0.017*** (3.084)			0.015*** (3.569)	
forwt		-0.029** (-2.468)			-0.011*** (-3.426)	
backt		0.001 (0.550)			0.001 (0.737)	
horio			0.017*** (3.428)			0.021*** (3.415)
forwo			0.034 (0.655)			-0.004*** (-4.504)
backo			0.001 (1.037)			0.002 (0.884)
R2	0.982	0.981	0.981			
DW	1.771	2.195	2.225			
F-test	32.349 (0.000)	31.615 (0.000)	29.782 (0.000)			
Hausman test	76.430 (0.000)	79.460 (0.000)	72.031 (0.000)			
Sargan's test				9.732 (0.464)	7.978 (0.630)	10.166 (0.426)
AR(1)검정				-5.308***	-4.856***	-4.996***
AR(2)검정				0.799	0.823	0.804

주: 1) ( )은 t값이고, *, **, ***은 각각 유의수준 10%, 5%, 1%에서 유의함을 나타냄.
2) 모든 모형은 설명변수의 내생성 가정한 도구변수를 사용함(설명변수의 t-2, t-3, t-4 시차를 도구변수로 사용하였음).
3) AR(1), AR(2)의 귀무가설은 각각 '잔차 1차 자기상관, 2차 자기상관이 없다'로 AR(1)은 귀무가설을 기각하여야 하며, AR(2)는 귀무가설을 채택하여야 한다. 즉 잔차의 2차 시계열자기상관이 없어야 한다.
4) Sargan 검정은 과도식별제약에 대한 검정으로 귀무가설은 '도구변수의 선택이 옳다'이므로 귀무가설을 기각하지 않아야 한다.

[표 5-37] 노동 집약형산업 내 서부지역에서 비국유기업의 기술파급효과

독립변수	정태패널			동태패널		
	모형1	모형2	모형3	모형4	모형5	모형6
	고정효과	고정효과	고정효과			
log (va(-1))				0.539*** (31.349)	0.535*** (32.061)	0.529*** (26.173)
log(l)	1.453*** (19.221)	1.444*** (19.440)	1.457*** (19.571)	0.736*** (10.448)	0.732*** (10.058)	0.766*** (12.719)
log(k)	0.696*** (10.768)	0.716*** (11.444)	0.702*** (11.065)	0.328*** (5.748)	0.331*** (6.275)	0.331*** (6.035)
pcm	0.014*** (6.159)	0.015*** (6.356)	0.015*** (6.549)	0.001*** (4.269)	0.001*** (5.393)	0.001*** (6.391)
hori	-0.001 (-0.096)			-0.002 (-1.123)		
forw	0.010 (1.537)			0.004* (1.829)		
back	-0.001 (-0.173)			-0.001 (-0.328)		
horit		0.008* (1.786)			0.003* (1.778)	
forwt		0.004 (0.379)			0.003 (0.756)	
backt		-0.005 (-1.079)			-0.003 (-1.191)	
horio			-0.010** (2.330)			-0.006*** (-2.718)
forwo			0.017* (1.901)			0.004* (1.799)
backo			0.006 (0.977)			0.011 (0.721)
R2	0.962	0.962	0.963			
DW	1.698	1.700	1.712			
F-test	28.827 (0.000)	29.514 (0.000)	28.262 (0.000)			
Hausman test	42.843 (0.000)	43.505 (0.000)	61.822 (0.000)			
Sargan's test				11.114 (0.348)	9.376 (0.496)	12.331 (0.263)
AR(1)검정				-4.637***	-4.702***	-4.559***
AR(2)검정				0.566	0.602	0.598

주: 1) ( )은 t값이고, *, **, ***은 각각 유의수준 10%, 5%, 1%에서 유의함을 나타냄.
2) 모든 모형은 설명변수의 내생성 기정한 도구변수를 사용함(설명변수의 t-2, t-3, t-4 시차를 도구변수로 사용하였음).
3) AR(1), AR(2)의 귀무가설은 각각 '잔차 1차 자기상관, 2차 자기상관이 없다'로 AR(1)은 귀무가설을 기각하여야 하며, AR(2)는 귀무가설을 채택하여야 한다. 즉 잔차의 2차 시계열자기상관이 없어야 한다.
4) Sargan 검정은 과도식별제약에 대한 검정으로 귀무가설은 '도구변수의 선택이 옳다'이므로 귀무가설을 기각하지 않아야 한다.

[표 5-38] 노동 집약형산업 내 서부지역에서 국유기업의 기술파급효과

독립변수	정태패널			동태패널		
	모형1	모형2	모형3	모형4	모형5	모형6
	고정효과	고정효과	고정효과			
log (va(-1))				0.211*** (3.942)	0.198*** (3.487)	0.217*** (3.369)
log(l)	0.558*** (11.620)	0.547*** (11.351)	0.564*** (11.655)	0.471*** (8.019)	0.461*** (7.906)	0.454*** (7.632)
log(k)	0.332*** (20.658)	0.331*** (20.373)	0.329*** (20.599)	0.327*** (15.227)	0.332*** (15.077)	0.325*** (14.383)
pcm	-0.001*** (-3.278)	-0.001*** (3.419)	-0.001*** (-3.282)	-0.001*** (-5.241)	-0.001*** (-5.663)	-0.001*** (-5.046)
hori	0.004 (0.777)			0.001 (0.178)		
forw	0.017** (2.005)			0.006*** (3.179)		
back	-0.009* (-1.780)			0.001 (0.171)		
horit		-0.001 (-0.180)			0.002 (0.851)	
forwt		0.022 (1.220)			-0.001 (-0.202)	
backt		-0.008 (-1.271)			0.002 (1.286)	
horio			0.002 (0.398)			-0.006 (-1.396)
forwo			0.025* (2.039)			0.014* (1.827)
backo			-0.008 (-1.003)			-0.003 (-0.889)
R2	0,979	0.978	0.979			
DW	2.246	2.212	2.228			
F-test	21.355 (0.000)	20.012 (0.000)	21.529 (0.000)			
Hausman test	41.993 (0.000)	45.435 (0.000)	41.510 (0.000)			
Sargan's test				12.804 (0.234)	10.730 (0.378)	10.802 (0.373)
AR(1)검정				-4.963***	-5.069***	-5.133***
AR(2)검정				1.116	1.210	1.095

주: 1) ( )은 t값이고, *, **, ***은 각각 유의수준 10%, 5%, 1%에서 유의함을 나타냄.
2) 모든 모형은 설명변수의 내생성 가정한 도구변수를 사용함(설명변수의 t-2, t-3, t-4 시차를 도구변수로 사용하였음).
3) AR(1), AR(2)의 귀무가설은 각각 '잔차 1차 자기상관, 2차 자기상관이 없다'로 AR(1)은 귀무가설을 기각하여야 하며, AR(2)는 귀무가설을 채택하여야 한다. 즉 잔차의 2차 시계열자기상관이 없어야 한다.
4) Sargan 검정은 과도식별제약에 대한 검정으로 귀무가설은 '도구변수의 선택이 옳다'이므로 귀무가설을 기각하지 않아야 한다.

[표 5-39] 노동 집약형산업 내 서부지역에서 국내기업의 기술파급효과

독립변수	정태패널			동태패널		
	모형1	모형2	모형3	모형4	모형5	모형6
	고정효과	고정효과	고정효과			
log (va(-1))				0.639*** (17.939)	0.629*** (16.201)	0.631*** (16.564)
log(l)	1.230*** (15.574)	1.219*** (15.886)	1.218*** (15.663)	0.528*** (6.868)	0.522*** (6.481)	0.541*** (7.298)
log(k)	0.850*** (17.226)	0.864*** (18.194)	0.857*** (17.523)	0.278*** (5.166)	0.302*** (5.309)	0.274*** (5.163)
pcm	0.002 (0.939)	0.002 (0.955)	0.002 (1.148)	-0.002 (-1.622)	-0.002 (-1.635)	-0.002 (-1.281)
hori	0.002 (0.685)			-0.001*** (-3.578)		
forw	0.006 (1.044)			0.006 (0.924)		
back	-0.001 (-0.430)			-0.001 (-0.988)		
horit		0.008** (1.851)			0.007*** (4.451)	
forwt		0.002 (0.173)			0.005 (0.995)	
backt		-0.003 (-0.85)			-0.002 (-0.591)	
horio			-0.006 (-1.428)			-0.003 (-0.991)
forwo			0.012 (1.402)			0.004 (0.758)
backo			0.003 (0.528)			0.004 (1.507)
R2	0.972	0.972	0.972			
DW	1.886	1.896	1.878			
F-test	28.301 (0.000)	27.972 (0.000)	27.292 (0.000)			
Hausman test	47.564 (0.000)	55.712 (0.000)	59.469 (0.000)			
Sargan's test				8.990 (0.533)	8.435 (0.586)	9.448 (0.490)
AR(1)검정				-6.741***	-6.389***	-6.489***
AR(2)검정				1.745	1.789	1.692

주: 1) ( )은 t값이고, *, **, ***은 각각 유의수준 10%, 5%, 1%에서 유의함을 나타냄.
2) 모든 모형은 설명변수의 내생성 가정한 도구변수를 사용함(설명변수의 t-2, t-3, t-4 시차를 도구변수로 사용하였음).
3) AR(1), AR(2)의 귀무가설은 각각 '잔차 1차 자기상관, 2차 자기상관이 없다'로 AR(1)은 귀무가설을 기각하여야 하며, AR(2)는 귀무가설을 채택하여야 한다. 즉 잔차의 2차 시계열자기상관이 없어야 한다.
4) Sargan 검정은 과도식별제약에 대한 검정으로 귀무가설은 '도구변수의 선택이 옳다'이므로 귀무가설을 기각하지 않아야 한다.

[표 5-40] 노동 집약형산업 내 중부지역에서 비국유기업의 기술파급효과

독립변수	정태패널			동태패널		
	모형1	모형2	모형3	모형4	모형5	모형6
	고정효과	고정효과	고정효과			
log (va(-1))				0.398*** (15.664)	0.398*** (15.293)	0.389*** (16.481)
log(l)	1.215*** (25.816)	1.177*** (25.852)	1.213*** (25.809)	0.885*** (40.351)	0.907*** (33.651)	0.903*** (35.314)
log(k)	1.010*** (23.38)	1.034*** (24.026)	1.004*** (23.112)	0.569*** (28.107)	0.559*** (26.019)	0.565*** (29.801)
pcm	0.001 (0.167)	0.001 (0.016)	0.001 (0.081)	0.001** (2.056)	0.001** (2.351)	0.001** (2.1323)
hori	0.006** (2.175)			0.003** (2.488)		
forw	0.004 (0.279)			0.009 (0.418)		
back	-0.006* (-1.659)			-0.005** (-2.876)		
horit		0.007** (2.075)			0.002** (2.297)	
forwt		-0.016 (-1.276)			-0.002 (-0.963)	
backt		0.004 (0.801)			-0.003 (-0.907)	
horio			0.004 (1.358)			0.003 (1.354)
forwo			0.021 (1.631)			0.017 (0.595)
backo			-0.016*** (-3.266)			-0.009*** (-5.365)
R2	0.982	0.981	0.982			
DW	2.115	2.019	2.126			
F-test	32.912 (0.000)	31.482 (0.000)	33.519 (0.000)			
Hausman test	20.351 (0.000)	27.951 (0.000)	23.433 (0.000)			
Sargan's test				13.679 (0.188)	14.355 (0.157)	14.190 (0.164)
AR(1)검정				-5.106***	-5.321***	-4.895***
AR(2)검정				0.665	0.752	0.598

주: 1) ( )은 t값이고, *, **, ***은 각각 유의수준 10%, 5%, 1%에서 유의함을 나타냄.
2) 모든 모형은 설명변수의 내생성 가정한 도구변수를 사용함(설명변수의 t-2, t-3, t-4 시차를 도구변수로 사용하였음).
3) AR(1), AR(2)의 귀무가설은 각각 '잔차 1차 자기상관, 2차 자기상관이 없다'로 AR(1)은 귀무가설을 기각하여야 하며, AR(2)는 귀무가설을 채택하여야 한다. 즉 잔차의 2차 시계열자기상관이 없어야 한다.
4) Sargan 검정은 과도식별제약에 대한 검정으로 귀무가설은 '도구변수의 선택이 옳다'이므로 귀무가설을 기각하지 않아야 한다.

[표 5-41] 노동 집약형산업 내 중부지역에서 국유기업의 기술파급효과

독립변수	정태패널			동태패널		
	모형1	모형2	모형3	모형4	모형5	모형6
	고정효과	고정효과	고정효과			
log (va(-1))				0.061 (0.951)	0.015 (0.243)	0.026 (0.401)
log(l)	0.632*** (20.261)	0.624*** (19.519)	0.623*** (20.465)	0.575*** (13.379)	0.589*** (13.959)	0.583*** (13.979)
log(k)	0.279*** (15.863)	0.281*** (15.953)	0.280*** (16.111)	0.311*** (12.894)	0.317*** (13.356)	0.309*** (13.263)
pcm	-0.001*** (-6.932)	-0.001*** (-7.165)	-0.001*** (-6.801)	-0.001*** (-4.025)	-0.001*** (-3.945)	-0.001*** (-4.718)
hori	-0.009 (-0.807)			-0.006* (-1.675)		
forw	0.014 (0.619)			0.013 (0.795)		
back	0.001 (0.033)			0.042 (0.741)		
horit		0.002 (0.391)			0.003 (0.791)	
forwt		0.013 (0.659)			0.007 (0.943)	
backt		0.001 (0.364)			0.006 (1.554)	
horio			-0.013 (-0.40)			-0.008*** (-3.901)
forwo			0.001 (0.041)			-0.007 (-0.457)
backo			0.001 (0.099)			-0.001 (-0.051)
R2	0.980	0.979	0.980			
DW	1.424	1.408	1.430			
F-test	18.007 (0.000)	18.034 (0.000)	19.055 (0.000)			
Hausman test	23.074 (0.001)	32.476 (0.000)	26.562 (0.000)			
Sargan's test				8.188 (0.610)	10.014 (0.439)	8.469 (0.583)
AR(1)검정				-5.861***	-5.189***	-5.639***
AR(2)검정				1.385	1.492	1.446

주: 1) ( )은 t값이고, *, **, ***은 각각 유의수준 10%, 5%, 1%에서 유의함을 나타냄.
2) 모든 모형은 설명변수의 내생성 가정한 도구변수를 사용함(설명변수의 t-2, t-3, t-4 시차를 도구변수로 사용하였음).
3) AR(1), AR(2)의 귀무가설은 각각 '잔차 1차 자기상관, 2차 자기상관이 없다'로 AR(1)은 귀무가설을 기각하여야 하며, AR(2)는 귀무가설을 채택하여야 한다. 즉 잔차의 2차 시계열자기상관이 없어야 한다.
4) Sargan 검정은 과도식별제약에 대한 검정으로 귀무가설은 '도구변수의 선택이 옳다'이므로 귀무가설을 기각하지 않아야 한다.

[표 5-42] 노동 집약형산업 내 중부지역에서 국내기업의 기술파급효과

독립변수	정태패널			동태패널		
	모형1	모형2	모형3	모형4	모형5	모형6
	고정효과	고정효과	고정효과			
log (va(-1))				0.558*** (19.116)	0.551*** (20.139)	0.556*** (19.496)
log(l)	1.255*** (17.123)	1.189*** (17.877)	1.211*** (16.730)	0.731*** (12.162)	0.751*** (12.064)	0.724*** (12.752)
log(k)	0.969*** (20.465)	0.988*** (21.547)	0.973*** (20.335)	0.401*** (9.248)	0.408*** (8.913)	0.408*** (8.969)
pcm	-0.001 (-0.905)	-0.001 (-0.621)	-0.001 (-0.780)	0.001 (1.027)	0.001 (0.489)	0.001 (0.748)
hori	0.009** (2.082)			0.003*** (3.015)		
forw	-0.006 (-0.343)			-0.007 (-0.958)		
back	-0.002 (-0.592)			-0.001*** (-4.197)		
horit		0.010** (2.204)			0.004*** (3.069)	
forwt		-0.017 (-1.085)			-0.006 (-2.851)	
backt		0.004 (0.650)			0.002 (1.005)	
horio			0.001 (0.290)			0.004 (1.131)
forwo			0.016 (0.961)			0.014 (0.602)
backo			-0.010 (-0.574)			-0.014*** (-3.578)
R2	0.966	0.966	0.966			
D · W	1.852	1.854	1.829			
F-test	24.872 (0.000)	25.532 (0.000)	27.432 (0.000)			
Hausman test	55.159 (0.000)	61.432 (0.000)	58.692 (0.000)			
Sargan's test				9.327 (0.501)	11.071 (0.352)	10.331 (0.411)
AR(1)검정				-6.222***	-6.135***	-6.022***
AR(2)검정				1.613	1.521	1.460

주: 1) ( )은 t값이고, *, **, ***은 각각 유의수준 10%, 5%, 1%에서 유의함을 나타냄.
2) 모든 모형은 설명변수의 내생성 가정한 도구변수를 사용함(설명변수의 t-2, t-3, t-4 시차를 도구변수로 사용하였음).
3) AR(1), AR(2)의 귀무가설은 각각 '잔차 1차 자기상관, 2차 자기상관이 없다'로 AR(1)은 귀무가설을 기각하여야 하며, AR(2)는 귀무가설을 채택하여야 한다. 즉 잔차의 2차 시계열자기상관이 없어야 한다.
4) Sargan 검정은 과도식별제약에 대한 검정으로 귀무가설은 '도구변수의 선택이 옳다'이므로 귀무가설을 기각하지 않아야 한다.

1) 정태적 패널모형 추정결과 및 시사점

[표 5-7]부터 [표 5-18]까지는 중국 전체(국내기업 전체, 국유기업, 비국유기업), 동부지역(국내기업 전체, 국유기업, 비국유기업), 중부지역(국내기업 전체, 국유기업, 비국유기업), 서부지역(국내기업 전체, 국유기업, 비국유기업)에 대한 외국인직접투자의 기술파급효과 분석결과이다.

[표 5-19]부터 [표 5-30]까지는 기술 집약형 산업에 대한 중국 전체(국내기업 전체, 국유기업, 비국유기업), 동부지역(국내기업 전체, 국유기업, 비국유기업), 중부지역(국내기업 전체, 국유기업, 비국유기업), 서부지역(국내기업 전체, 국유기업, 비국유기업)에 대한 외국인직접투자의 기술파급효과 분석결과이다.

[표 5-31]부터 [표 5-42]까지는 노동 집약형 산업에 대한 중국 전체(국내기업 전체, 국유기업, 비국유기업), 동부지역(국내기업 전체, 국유기업, 비국유기업), 중부지역(국내기업 전체, 국유기업, 비국유기업), 서부지역(국내기업 전체, 국유기업, 비국유기업)에 대한 외국인직접투자의 기술파급효과 분석결과이다.

(1) 노동과 자본변수

노동투입과 기술파급효과 간의 관계를 살펴보기 위하여 이용한 노동변수는 모든 분석결과에서 통계적으로 유의하고 정(+)의 상관관계가 나타나고 있다. 자본투입과 기술파급효과 간의 관계를 살펴보기 위하여 이용한 자본변수도 모든 분석결과에서 통계적으로 유의하고 정(+)의 상관관계가 나타나고 있다. 즉, 노동과 자본의 투입이 중국 공업부문의 부가가치에 긍정적인 영향을 미치는 것을 알 수 있다. 이는 중국경제의 성장은 아직 요소투입형 성장단계에 있으며 중국 공업부문의 부가가치 증가는 노동과 자본의 투입에 아직 의존하고 있는 것으로 판단될 수 있다.

(2) 산업집중도 변수

산업집중도변수에 대한 분석결과를 보면, 중국 전체 산업 내 모든 지역에서 각 산업의 산업집중도는 비국유기업의 기술파급효과에 긍정적인 영향을 미치고[33] 있는 반면에 국유기업의 기술파급효과에 부정적인 영향을 미치고 있다는 것을 알 수 있다. 이러한 결과를 볼 때 비국유기업들의 경우 산업집중도가 국유기업보다 상대적으로 적고, 시장에서의 경쟁정도가 더 치열하기 때문에 비국유기업의 노동생산성을 향상시킬 수 있으며, 국유기업들의 경우 정부의 보호정도가 상대적으로 높고 산업집중도도 높고 시장에서의 경쟁정도는 비교적 치열하지 않기 때문에 국유기업의 노동생산성을 감소시킬 수 있다는 것으로 판단된다.

노동집약형 산업의 경우 중국전체에서 각 산업의 산업집중도는 국내기업의 기술파급효과에 부정적인 영향을 미치고 있는 반면, 기술집약형 산업의 경우 중국전체에서 각 산업의 산업집중도는 국내기업의 기술파급효과에 긍정적인 영향을 미치고 있다는 것을 알 수 있다. 이러한 결과를 볼 때 기술 집약형 산업은 노동 집약형 산업보다 국내기업의 산업집중도가 상대적으로 적고 개방된 시장에서의 경쟁이 더 심각하기 때문에 기술파급효과에 긍정적인 영향을 미치고 있는 것으로 판단된다.

(3) 산업내 기술파급효과 변수

외국인직접투자의 산업 내 기술파급효과에 대한 분석결과를 보면, 전

---

33) Cheung et al.(2001)은 OECD국가의 FDI 기술파급효과에 대한 연구결과도 산업집중도가 높을수록 기술파급효과가 크다는 결론을 내렸다. 또한 姜瑾(2007)은 중국공업부문에 대한 FDI의 기술파급효과를 분석한 결과도 같은 결론을 얻었다.

체 산업의 경우 모든 지역에서 외국인직접투자의 산업 내 기술파급효과는 비국유기업의 노동생산성에는 긍정적인 영향을 미치고 있지만, 국유기업의 노동생산성에는 영향을 미치지 않는 것을 알 수 있다. 즉, 중국 비국유기업들은 중국시장에 진입한 많은 외국인투자기업으로부터 선진 생산기술과 관리경험을 많이 모방하고 있기 때문에 외국인직접투자의 산업 내 기술파급효과에 긍적적인 영향을 미치고 있는 것으로 판단된다. 그러나 중국 국유기업의 경우, 외국자본의 진입은 기존의 중국 내 균형시장형태를 교란시키고 동일한 산업의 국유기업들과 유한한 시장자원을 놓고 경쟁함으로써 중국 국유기업들이 외국인투자기업들과의 경쟁에서 패할 수 있기 때문에 국유기업의 기술파급효과에 영향을 미치지 않는 것으로 판단된다.

홍콩, 마카오와 대만의 대중국 외국인직접투자의 산업 내 기술파급효과는 서부지역을 제외한 모든 지역에서 비국유기업의 노동생산성에 긍정적인 영향을 미치고 있으며, 국유기업의 노동생산성에는 영향을 미치지 않는 것을 알 수 있다. 기타 국가의 대중국 외국인직접투자의 산업 내 기술파급효과는 서부지역을 제외한 모든 지역에서 비국유기업의 노동생산성에 긍정적인 영향을 미치고 있으며, 중국 전체의 경우 국유기업의 노동생산성을 향상시킬 수 있는 반면에 중부지역에서 국유기업의 노동생산성을 감소시킬 수 있다는 것을 알 수 있다. 즉, 기타 국가의 외국인투자기업은 홍콩, 마카오와 대만의 화교기업들보다 산업 내 기술파급효과를 통해 국유기업들의 노동생산성을 더 효율적으로 향상시킬 수 있음을 알 수 있다.

기술 집약형 산업의 경우 모든 지역에서 외국인직접투자의 산업 내 기술파급효과는 비국유기업과 국내기업 전체의 노동생산성에 극정적인 영향을 미치고 있는 반면 국유기업에는 영향을 미치지 않는 것을 알 수 있다. 이는 전체 산업의 분석결과와 같다. 원천투자국별로 볼 때 홍콩, 마카오와 대만의 대중국 외국인직접투자의 산업 내 기술파급효과는 전국, 동부지역과 서부지역에서 국유기업의 노동생산성에 부정적인 영향을 미치고 있고, 기타 국가의 대중국 외국인직접투자의 산업 내 기술파급효과는 모든 지역에서 국유기업의 노동생산성에 영향을 미치지 않는 것을 알 수 있다. 이러한 결과 볼 때 최근 중국의 기술 집약형산업은 끊임없이 발전하고 있는 데 홍콩, 마카오와 대만 투자기업에 비해 기술격차가 아직 크기 때문에 국유기업들은 이들과의 경쟁 중에서 패할 수 있다는 것으로 판단된다.

노동집약형 산업의 경우 서부지역을 제외한 모든 지역에서 외국인직접투자의 산업 내 기술파급효과는 비국유기업과 국내기업 전체의 노동생산성에 긍정적인 영향을 미치고 있고, 모든 지역에서 외국인직접투자의 산업 내 기술파급효과는 국유기업의 노동생산성에는 영향을 미치지 않는 것을 알 수 있다. 이러한 결과는 전체 산업과 기술 집약형 산업의 결과와 거의 유사하다. 원천투자국별로 볼 때 서부지역에서 홍콩, 마카오와 대만의 경우 비국유기업의 노동생산성에 긍정적인 영향을 미치고 있는 반면에 기타 국가의 경우 비국유기업의 노동생산성에 부정적인 영향을 미치고 있다는 것을 알 수 있다. 즉, 서부지역에서 중국 비국유기업들은 부족한 자본과 상대적으로 약한 시장경쟁력으로 인해 기타 국가투자기업들과 경쟁함으로써 시장에서 밀려날 수 있기 때문에 시장의 구축효과 (crowding out effect)를 야기 할 가능성이 있다.

(4) 산업간 전방효과 변수

외국인직접투자의 전방효과에 대한 분석결과를 보면, 전체 산업의 경우 중국전체에서 외국인직접투자의 전방효과는 중국 비국유기업과 국내기업 전체의 노동생산성을 감소시킬 수 있는 반면에 국유기업의 노동생산성은 향상시킬 수 있다는 것을 알 수 있다. 홍콩, 마카오와 대만 및 기타 국가의 대중국 외국인직접투자의 전방효과는 모든 외국인투자기업의 대중국 외국인직접투자의 전방효과와 유사한 결과를 얻었다. 이러한 결과 볼 때 첫째, 공급자가 되는 상류 외국인투자기업들이 생산한 중간제품들은 기술수준이 높기 때문에 구매자가 되는 하류 비국유기업과 국내기업들의 노동생산성에 영향을 미치지 않았다. 둘째, 강한 경쟁력을 가진 상류 외국인투자기업들은 하류 비국유기업 및 국내기업들과의 경쟁을 통해 하류기업들을 시장에서 퇴출시킬 수 있기 때문에 하류 비국유기업과 국내기업들은 공급자로부터 혜택을 받지 못한다. 셋째, 상류 외국인투자기업은 하류 비국유기업 및 국내기업과의 기술격차가 크기 때문에 비국유기업 및 국내기업들과의 연계가 많지 않다고 판단된다.

기술 집약형 산업 내 전국에서 기타 국가의 대중국 외국인직접투자의 전방효과는 비국유기업, 국유기업과 국내기업의 노동생산성에 영향을 미치지 않는 것을 알 수 있다. 이는 중국정부의 수출에 대한 특혜정책으로 인해 외국인투자기업, 특히 기타 국가의 투자기업들은 중국 내 풍부한 노동력 자원을 이용하여 가공제품을 생산해 해외에 다시 수출하고 있는 반면에 국내기업들은 기술우위가 부족하고 비용을 절감시키기 위해 상류 기타 국가 투자기업의 중간제품을 많이 이용하지 않기 때문에 외국인직접투자의 전방효과가 뚜렷하지 않았다.

노동집약형 산업 내 서부지역에서 홍콩, 마카오와 대만의 대중국 외국인직접투자의 전방효과는 비국유기업과 국유기업의 노동생산성에 영향을 미치지 않는 반면에 기타 국가의 대중국 외국인직접투자의 전방효과는 비국유기업과 국유기업의 노동생산성을 향상시킬 수 있다는 것을 알 수 있다. 이는 서부지역에서 노동집약형 산업이 아직 중국의 전통우위산업이고 비국유기업과 국유기업들은 노동집약형산업 내 경쟁력이 강하고, 기타 국가투자기업들의 진입과 현지화 전략으로 인해 노동집약산업 내 기타 국가의 대중국 외국인직접투자의 전방효과는 비국유기업과 국유기업의 노동생산성을 향상시킬 수 있다는 것을 알 수 있다.

(5) 산업간 후방효과 변수

외국인직접투자의 후방효과에 대한 분석결과를 보면, 전체 산업 내 서부지역에서 외국인 전체 투자기업과 기타국가투자기업의 대중국 외국인직접투자의 후방효과는 국유기업의 노동생산성에 긍정적인 영향을 미치고 있다는 것을 알 수 있다. 즉, 서부지역에서 국유기업들은 외국인투자기업에 중간제품을 제공함으로써 기술진보와 노동생산성을 향상시킬 수 있다는 것을 알 수 있다.

기술 집약형 산업 내 서부지역에서 외국인 전체 투자기업과 기타국가투자기업의 대중국 외국인직접투자의 후방효과는 국유기업의 노동생산성에 긍정적인 영향을 미치고 있고, 전국에서 홍콩, 마카오와 대만의 대중국 외국인직접투자의 후방효과는 비국유기업들의 노동생산성에 긍정적인 영향을 미치고 있다는 것을 알 수 있다. 그러나 노동집약형 산업 내 외국인 전체투자기업과 기타 국가투자기업들은 비국유기업과 국유기업의 노동생산성을 감소시킬 수 있다는 것을 알 수 있다. 이러한 결과 볼 때 노동집약형 산업 내 중국 국내기업들은 외국인투자기업들과 기술격차가 커서 생산한 중간투입제품이 외국인투자기업의 요구에 도달하지 못하기 때문에 외국인투자기업들은 중국 현지기업으로부터 중간재를 구매하지 않고 해외에서 중간재를 더 많이 수입하고 있다는 것으로 판단된다.

2) 동태적 패널모형 추정결과 및 시사점

변수들의 내생성을 고려한 동태적 패널모형의 추정결과와 정태적 패널모형의 추정결과를 비교하면 다음과 같은 차이점이 있다.

(1) 전기(t-1) 공업부가가치 변수

전체 산업의 경우 시차 종속변수인 전기 공업부문 부가가치변수는 전국과 서부지역에서 모든 결과가 통계적으로 유의하고 정(+)의 상관관계가 나타나고 있다. 동부지역과 중부지역에서 국유기업을 제외한 모든 결과는 통계적으로 유의하고 정(+)의 상관관계가 나타나고 있다. 노동집약형 산업의 모든 결과는 전체 산업과 같은 결과를 얻었다. 기술집약형 산업의 경우 중부지역의 국유기업을 제외한 모든 결과는 통계적으로 유의하고 정(+)의 상관관계가 나타나고 있다. 즉, 전기 년도 현지기업의 부가가치는 당해년도의 부가가치에 긍정적인 영향을 미치고 있다는 것을 알 수 있다.

(2) 노동과 자본변수

노동과 자본 변수는 정태적 패널모형의 추정결과와 같이 모든 결과가 통계적으로 유의하고 정(+)의 상관관계가 나타나고 있다.

(3) 산업집중도 변수

전체 산업의 경우 산업집중도와 외국인직접투자의 기술파급효과 간의 관계는 동부지역과 서부지역에서 국유기업의 경우 정태적 패널분석결과와는 다르게 통계적으로 유의하지 않았다. 변수들의 내생성을 고려한 동태적 패널모형 중에서 이러한 결과 볼 때 서부지역은 중부지역보다 경제수준이 낮고 자본이 부족해서 각 산업의 산업집중도가 낮기 때문에 국유기업의 기술파급효과에 영향을 미치지 않는 것으로 판단된다.

노동집약형 산업의 경우 전국과 동부지역에서 각 산업의 산업집중도는 국유기업의 기술파급효과에 부정적인 영향을 미치고 있다는 것을 알 수 있다. 이러한 결과 볼 때 국유기업들의 경우 정부의 보호강도가 상대적으로 높고 산업집중도도 높고 시장에서의 경쟁강도가 비교적 치열하지 않기 때문에 국유기업의 노동생산성을 감소시킬 수 있다는 것으로 판단된다.

기술 집약형 산업의 경우 산업집중도와 외국인직접투자의 기술파급효과관계는 서부지역에서 국내기업의 경우 정태적 패널분석결과와 다르게 유의한 정(+)의 상관관계가 나타나고 있다. 즉, 기술집약형 산업의 경우 서부지역에서 각 산업의 산업집중도는 국내기업의 노동생산성을 향상시킬 수 있다는 것을 알 수 있다.

(3) 산업내 기술파급효과 변수

전체 산업의 경우 변수들의 내생성을 고려한 동태적 패널모형 중에서 외국인직접투자의 산업 내 기술파급효과는 전국에서 국유기업의 노동생산성, 동부지역에서 기타 국가의 대중국 외국인직접투자의 경우 국내기업의 노동생산성, 서부지역에서 홍콩, 마카오와 대만의 대중국 외국인직접투자의 경우 비국유기업의 노동생산성, 기타 국가의 대중국 외국인직접투자의 경우 비국유기업과 국내기업의 노동생산성에 모두 긍정적인 영향을 미치고 있고 국내기업의 기술을 향상시킬 수 있다는 것을 알 수 있다.

노동집약형 산업의 경우 변수들의 내생성을 고려한 동태적 패널모형 중에서 노동집약형 산업의 경우 외국인직접투자의 산업 내 기술파급효과는 서부지역에서 국내기업의 노동생산성, 중부지역에서 국유기업의 노동생산성을 감소시킬 수 있다는 것을 알 수 있다. 특히 기타 국가의 대중국 중부지역 직접투자의 경우 국유기업의 노동생산성에 부정적인 영향을 미치고 있다. 이러한 결과를 볼 때 홍콩, 마카오와 대만의 투자기업보다 기타국가의 투자기업들은 중국 중부지역에서 상대적으로 더 많이 투자하고 있고, 국유기업들은 이들과의 경쟁 중에서 패하고 시장의 구축효과를 야기할 수 있다는 것으로 판단된다.

기술집약형 산업의 경우 외국인직접투자의 산업 내 파급효과와 노동생산성 관계는 동부지역에서 국유기업의 경우 정태적 패널분석결과와 다르게 통계적으로 유의하고 부(-)의 상관관계가 나타나고 있다. 홍콩, 마카오, 대만 및 기타 국가의 대중국 동부지역 외국인직접투자의 경우 비국유기업은 모두 다 정태적 패널분석결과와 다르게 통계적으로 유의하고 정(+)의 상관관계가 나타나고 있다. 즉, 기술 집약형 산업 내 홍콩, 마카오, 대만 및 기타 국가의 대중국 동부지역 외국인직접투자의 산업 내 기술파급효과는 비국유기업의 노동생산성을 향상시킬 수 있다는 것을 알 수 있다. 이는 동부지역에서 비국유기업들은 중부지역과 서부지역보다 경제수준이 높고 경쟁력이 상대적으로 크기 때문으로 판단된다.

(4) 산업간 전방효과 변수

전체 산업의 경우 외국인직접투자의 전방효과와 노동생산성 간의 관계는 전국에서 기타 국가의 대중국 외국인직접투자의 경우 국내기업은 정태적 패널분석결과와 다르게 통계적으로 유의하고 부(-)의 상관관계가 나타나고 있다. 동부지역에서 홍콩, 마카오와 대만의 대중국 외국인직접투자의 경우 국유기업은 정태적 패널분석결과와 다르게 통계적으로 유의하고 정(+)의 상관관계가 나타나고 있다. 즉, 전체 산업 내 홍콩, 마카오와 대만 및 기타 국가의 대중국 동부지역 외국인직접투자의 전방효과는 국유기업의 기술을 향상시킬 수 있다는 것을 알 수 있다. 이러한 결과를 볼 때 외국인투자기업은 동부지역에서 국유기업과의 전방연쇄관계가 더 긴밀하게 나타나는 것으로 판단된다.

노동집약형 산업의 경우 변수들의 내생성을 고려한 동태적 패널모형 중에서 서부지역에서 외국인직접투자의 전방효과는 비국유기업의 노동생산성에 긍정적인 영향을 미치고 있다는 것을 알 수 있다. 이는 서부지역에서 노동집약형 산업이 아직 중국의 전통우위산업이고 비국유기업들은 노동집약형산업에서 경쟁력이 강하고, 기타 국가투자기업들의 진입과 현지화 전략으로 인해 외국인직접투자의 전방효과는 비국유기업의 노동생산성을 향상시킬 수 있다는 것을 알 수 있다.

기술집약형 산업의 경우 동부지역에서 홍콩, 마카오와 대만의 대중국투자의 전방효과는 비국유기업의 노동생산성에 부정적인 영향을 미치고 있다는 것을 알 수 있다. 이는 기술집약형 산업의 경우 동부지역에서 비국유기업들은 경쟁력이 상대적으로 높지만, 공급자가 되는 상류 홍콩, 마카오와 대만의 외국인투자기업들이 생산하는 중간제품들은 기술수준이 더 높기 때문에 구매자가 되는 하류 비국유기업들에 영향을 미치지 않는 것으로 판단된다.

(5) 산업간 후방효과 변수

전체 산업의 경우 변수들의 내생성을 고려한 동태적 패널모형 중에서 홍콩, 마카오와 대만의 대중국 외국인직접투자의 후방효과는 비국유기업의 노동생산성을 향상시킬 수 있다는 것을 알 수 있다. 이는 비국유기업들은 기타국가의 투자기업이 아닌 홍콩, 마카오와 대만의 외국인투자기업들에 중간제품을 제공함으로써 기술진보와 노동생산성을 향상할 수 있다는 것을 알 수 있다.

노동집약형 산업의 경우 동부지역에서 홍콩, 마카오와 대만의 대중국 외국인직접투자의 후방효과는 국유기업의 노동생산성에 부정적인 영향을 미치는 반면에 기타국가의 경우 국유기업의 노동생산성에 영향을 미치지 않았다. 중부지역에서 기타국가의 대중국 외국인직접투자의 후방효과는 국내기업의 노동생산성에 부정적인 영향을 미치는 반면에 홍콩, 마카오와 대만의 경우 국유기업의 노동생산성에 영향을 미치지 않는 것을 알 수 있다.

기술집약형 산업의 경우 외국인직접투자의 후방효과와 노동생산성 간의 관계는 중부지역에서 국유기업의 경우 정태적 패널분석결과와 다르게 통계적으로 유의하지 않았다. 즉, 변수들의 내생성을 고려한 동태적 패널모형 중에서 기술 집약형 산업 내 외국인직접투자의 후방효과는 국유기업의 노동생산성에 영향을 미치지 않는 것을 알 수 있다.

제6장

결론

본 연구는 중국에 대한 외국인직접투자가 어떠한 경로를 통하여 기술파급효과를 나타내는가에 대한 의문에서 기존의 선행연구를 바탕으로 중국에 대한 외국인직접투자의 기술파급효과를 실증적으로 분석하였다.

일반적으로 외국인직접투자는 현지국의 기술습득 능력, 기술격차 수준, 현지기업과의 경쟁관계, 외국기업의 현지시장 개입정도, 현지기업의 자체적인 기술혁신 노력 그리고 투자기업의 진입방식, 동기 및 투자원천국과 같은 FDI의 이질성, 전방효과와 후방효과 등에 영향을 받아 현지국 경제로 파급된다고 알려져 있다.

기존의 많은 실증 분석결과들은 외국인직접투자가 현지국 기술파급효과에 긍정적인 영향을 미치고 있다고 주장하고 있지만, 일부는 최첨단 기술을 소유하고 있는 선진 다국적기업이 현지국 기업을 퇴출시키거나 현지기업의 우수한 인재를 스카우트함으로써 현지기업의 기술혁신을 저해하여 외국인투자기업에 의한 현지국으로의 기술파급에 부정적인 영향을 미치고 있다는 주장도 제기되고 있다.

따라서 본 연구에서는 중국의 경제발전 원동력이 되고 있는 외국인 직접투자의 기술이전과 기술파급효과에 대한 관심이 높아지고 있는 시점에서 중국 국내기업과 외국인투자기업이 상호작용하는 패널 연립방정식을 이용한 2SLS 시스템 분석방법과 정 · 동태적 패널분석방법을 통해 외국인직접투자기업의 중국내 기술파급효과에 대해 실증분석을 행하였다.

기존 대다수의 중국에 대한 외국인직접투자의 기술파급효과에 관한 실증분석 논문에서는 단순한 OLS 기법과 패널분석이 주를 이루고 있으나 본 연구는 패널연립방정식 모형과 정 · 동태적 패널분석모형을 이용하여 분석하였다는 데 연구의 차별성이 있고, 또한 외국직접투자의 이질성효과를 살펴보기 위해 투자 원천투자국별 기술파급효과, 기업유형별과 산업형태별에 따른 중국내 외국인직접투자의 기술파급효과를 살펴보았다는 데 연구의 의의가 있다.

지역별 중국내 외국인직접투자의 기술파급효과에 대한 분석결과를 요약하면 첫째, 경쟁관계에 의한 기술파급효과는 정의 상관관계를 보이고 있어 중국에 대한 외국인직접투자는 중국 국내기업과의 경쟁이 심할수록 기술파급효과는 크다는 것을 알 수 있었다.

둘째, 자본집약도의 경우에는 정의 상관관계를 나타내고 있어 중국 국내기업의 자본집약도가 높을수록 외국기술의 습득능력이 개선되어 중국 기업의 노동생산성이 증가한다는 것을 의미한다.

셋째, 국내기업의 R&D지출규모에 따른 기술파급효과는 정의 상관관계를 나타내고 있어 R&D 지출규모가 클수록 기술습득 능력도 뛰어나 노동생산성이 증가함을 알 수 있었다.

넷째, 중국의 인적자본 규모에 따른 기술파급효과는 예상과 달리 부의 상관관계를 보이고 있는데 이러한 이유는 중국의 고급 기술 인력이 그들이 속한 기업의 성취도에 크게 기여하지 못하기 때문으로 판단된다.

다섯째, 기업규모변수는 예상한 바와 정의 상관관계가 나타내고 있어 기업규모가 확대됨에 따라 기술습득능력이 개선되어 국내기업의 노동생산성도 향상되는 것으로 판단된다.

여섯째, 기술격차의 경우 예상 부호와 같이 부의 상관관계를 나타내고 있어 외국인투자기업과 중국 국내기업의 기술격차가 큰 경우 기술파급효과는 낮음을 알 수 있었다.

일곱째, 외국기업의 국내시장 개입정도는 정의 상관관계를 나타내고 있어 외국인투자기업이 중국내 시장에서의 비중이 높을수록 중국내 기술파급효과는 더 높이 나타남을 알 수 있었다.

그리고 마지막으로 원천국별 차이를 알아보기 위해 화교계기업인 대만, 홍콩, 마카오기업과 그 외 국가의 기업으로 나누어 분석한 결과 그 외 국가의 변수는 모두 다 통계적으로 유의하지 않고 화교계 기업만 정의 상관관계를 나타내고 있어 화교계기업의 중국내 투자는 중국으로의 기술파급효과가 크게 나타나 중국 국내기업의 노동생산성이 향상됨을 알 수 있었다.

이상의 연구결과 시사점으로는 첫째, 중국 국내기업의 R&D 지출규모가 클수록 기술파급효과가 크게 나타나므로 중국에서는 외국인직접투자에 의한 기술파급효과를 극대화하기 위해서는 국내기업의 R&D 투자를 확대해야 할 것이다. 둘째, 중국의 인적자본규모와는 예상과 달리 기술파급효과가 낮게 나타나는데 이러한 문제점을 해결하기 위해 중국 고급 기술 인력이 그들이 속한 기업에서 생산성증가를 위해 기여할 수 있는 제도적 장치가 마련되어야 할 것이다. 그리고 마지막으로 투자원천국가별 분석에서 화교계 기업만이 기술파급효과에 긍정적인 영향을 미치고 있는데 이러한 원인에 대한 철저한 분석을 통해 기타국가의 투자에 대해서도 중국내 기술파급효과를 극대화하기 위한 방안을 강구해야 할 것이다.

산업별 중국내 외국인직접투자의 기술파급효과에 대한 분석결과를 요약하면 첫째, 노동과 자본의 투입이 중국국내 공업의 부가가치에 긍정적인 영향을 미치는 것을 알 수 있다. 이는 중국경제의 성장은 아직 요소투입형 성장단계에 처해 있으며 중국 공업 부가가치의 증가는 노동과 자본의 투입에 아직 의존하고 있는 것으로 판단될 수 있다.

둘째, 중국 전체 산업의 경우 모든 지역에서 각 산업의 산업집중도는 비국유기업의 기술파급효과에 긍정적인 영향을 미치고 있는 반면에 국유기업의 기술파급효과에 부정적인 영향을 미치고 있다는 것을 알 수 있다.

노동집약형 산업의 경우 전국에서 각 산업의 산업집중도는 국내기업의 기술파급효과에 부정적인 영향을 미치고 있는 반면, 기술집약형 산업의 경우 전국에서 각 산업의 산업집중도는 국내기업의 기술파급효과에 긍정적인 영향을 미치고 있다는 것을 알 수 있다.

셋째, 외국인직접투자의 산업 내 기술파급효과에 대한 분석결과를 보면, 전체 산업의 경우 모든 지역에서 외국인직접투자의 산업 내 기술파급효과는 비국유기업의 노동생산성에는 긍정적인 영향을 미치고 있지만, 국유기업의 노동생산성에는 영향을 미치지 않는 것을 알 수 있다.

홍콩, 마카오와 대만의 대중국 외국인직접투자의 산업 내 기술파급효과는 서부지역을 제외한 모든 지역에서 비국유기업의 노동생산성에 긍정적인 영향을 미치고 있으며, 국유기업의 노동생산성에는 영향을 미치지 않는 것을 알 수 있다. 기타 국가의 대중국 외국인직접투자의 산업 내 기술파급효과는 서부지역을 제외한 모든 지역에서 비국유기업의 노동생산성에 긍정적인 영향을 미치고 있으며, 전국에서 국유기업의 노동생산성을 향상시킬 수 있는 반면에 중부지역에서 국유기업의 노동생산성을 감소시킬 수 있다는 것을 알 수 있다.

넷째, 외국인직접투자의 전방효과에 대한 분석결과를 보면, 전체 산업의 경우 전국에서 외국인직접투자의 전방효과는 중국 비국유기업과 국내기업의 노동생산성을 감소시킬 수 있는 반면에 국유기업의 노동생산성은 향상시킬 수 있다는 것을 알 수 있다. 홍콩, 마카오와 대만 및 기타 국가의 대중국 외국인직접투자의 전방효과는 모든 외국인투자기업의 대중국 외국인직접투자의 전방효과와 유사한 결과를 얻었다.

기술집약형 산업의 경우 전국에서 기타 국가의 대중국 외국인직접투자의 전방효과는 비국유기업, 국유기업과 국내기업의 노동생산성에 영향을 미치지 않는 것을 알 수 있다. 노동집약형 산업의 경우 서부지역에서 홍콩, 마카오와 대만의 대중국 외국인직접투자의 전방효과는 비국유기업과 국유기업의 노동생산성에 영향을 미치지 않는 반면에 기타 국가의 대중국 외국인직접투자의 전방효과는 비국유기업과 국유기업의 노동생산성을 향상시킬 수 있다는 것을 알 수 있다.

마지막으로 외국인직접투자의 후방효과에 대한 분석결과를 보면, 전체 산업의 경우 서부지역에서 외국인 전체 투자기업과 기타국가의 투자기업의 대중국 외국인직접투자의 후방효과는 국유기업의 노동생산성에 긍정적인 영향을 미치고 있다는 것을 알 수 있다.

기술집약형 산업의 경우 서부지역에서 외국인 전체 투자기업과 기타 국가투자기업의 대중국 외국인직접투자의 후방효과는 국유기업의 노동생산성에 긍정적인 영향을 미치고 있고, 전국에서 홍콩, 마카오와 대만의 대중국 외국인직접투자의 후방효과는 비국유기업들의 노동생산성에 긍정적인 영향을 미치고 있다는 것을 알 수 있다.

본 연구의 한계로는 외국인투자기업의 투자방식별, 투자기업의 동기와 정책적 요인에 따라 기술파급효과는 달라질 수 있다는 사실을 간과하고 있다는 점이다. 따라서 추후 연구에서는 이러한 요인을 추가적으로 고려하여 분석함으로써 외국인투자에 의한 기술파급효과를 일반화시킬 수 있을 것으로 판단된다.

참고 문헌

김경수, 2005, "연기금투자의 유가증권시장에 대한 파급효과: 패널자료 분석", 『금융학회지』, 제10권제2호: 165-197

김승진, 1999, "외국인투자기업의 생산성효과 분석", 『KDI 정책연구』: 215-272

박완규, 홍성표, 2009, 『Gujarati의 계량경제학』, 도서출판 지필

문준조, 2002, "WTO 가입과 중국의 외국인투자법 제정비에 관한 연구", 한국법제연구원,연구보고서 2002-16:111-112.

성홍창, 최백렬, 맹경희, 2011, "중국 동북3성 경제발전을 위한 동북아국가와의 협력방안", 『한중경상연구』, 제10집 제1호: 99-124

안세영, 1998, 『다국적기업 경제학』, 박영사.

연태훈, 2003, 『외국인직접투자의 산업간 생산성 파급효과에 관한 연구』, 한국개발연구원

양면섭, 구은아, 2007, 「중국의 WTO 가입 5주년 결산」, 대외경제정책연구원2007: pp.84-90.

왕윤종, 1994, 『외국인직접투자의 기술이전효과에 관한 연구』, 대외경제정책연구원, 94-7.

이병기, 2002, 『외국인 직접투자의 생산성 파급효과 분석』, 한국경제연구원

최백렬, 2002, "거시경제변수가 중소기업 FDI에 미치는 영향에 관한 연구, 국제통상연구", 제7권 제2호: 215-236

______, 2004, 『해외투자론』, 도서출판 대경

______, 곽화빙, 2010, "중국 부동산분야에 대한 직접투자 전략", 『한중

경상연구』, 제9집 제2호: 133-161

______, 2011, "한국기업의 對중국 M&A 및 신설투자에 영향을 미치는 요인에 관한 비교 연구", 『국제지역연구』, 제15권 제2호: 247-273

______, 맹경뢰 2010, "중국의 대 ASEAN 투자입지 결정에 관한 연구", 『한국산업경제저널』, 제2권 제2호: 81-101

______, 맹경뢰, 2010, "FDI 유입이 중국의 환경오염에 미치는 영향", 『한중경상연구』, 제9집 제1호: 27-47

______, 맹경뢰, 유찬확, 2011, "중국에 대한 외국인직접투자의 기술파급효과 요인에 관한 실증분석", 국제통상연구 제16권 제4호, pp.33-61

최인범, 현정택, 1991, 『외국인 직접투자의 생산성효과 분석 : 한국과 대만의 제조업을 중심으로』, 대외경제정책연구원

Aitken, B. and A. Harrison, 1999, "Do Domestic Firms Benefit from Direct Foreign Investment? Evidence from Venezuela," The *American Economic Review*, vol. 89, no. 3: 605-618.

Arellano and Bond, 1991, "Some Tests of Specification for Panel Data: Monte Carlo Evidence and an Application to Employment Equations," *Review of Economic Studies*, Wiley Blackwell, vol. 58(2): 277-97,

Barrios, S., 2000, "Foreign Direct Investment and Productivity Spillovers: Evidence From the Spanish Experience", *Working Paper* 2000-19, Fundacíon de Estudios de Economia Applicada, Madrid: 1-43

Blomstrom & Wolff, 1989, "Multinational Corporations And Productivity Convergence In Mexico," Working Papers, C.V. Starr Center for

Applied Economics, New York University: 89-28.

Blomstrom & Kokko,1998, "Multinational Corporations and Spillovers", *JOURNAL OF ECONOMIC SURVEYS* Vol. 12, No. 2: 247-277.

Blomstrom & Persson, 1983, "Foreign investment and spillover efficiency in an underdeveloped economy: Evidence from the Mexican manufacturing industry," World Development, Elsevier, vol. 11(6): 493-501.

Blomstrom, M., 1986, "Multinationals and market structure in Mexico," *World Development, Elsevier*, vol. 14(4): 523-530

Braconier, Ekholm & Knarvik, 2001, "Does FDI Work as a Channel for R&D Spillovers? Evidence Based on Swedish Data," Working Paper Series 553

Campa & Goldberg, 1995, "Investment in Manufacturing, Exchange Rates and External Exposure", *Journal of International Economics*, vol. 38 : 297-320.

Cantwell, John, 1989, *Technological Innovation and Multinational Corporations*, Oxford: Basil Blackwell Ltd.,

Caves, R. E., 1974, "Multinational Firms, Competition and Productivity in Host Country Markets," *Economica*, May 1974: 176-193.

Cheung et al., 2001, "MARKET STRUCTURE AND THE PERSISTENCE OF SECTORAL REAL EXCHANGE RATES", *INTERNATIONAL JOURNAL OF FINANCE AND ECONOMICS* 6: 95-114

Damijan etl, 2003, "Technology Transfer through FDI in Top-10 Transition Countries: How Important are Direct Effects, Horizontal and Vertical Spillovers?", William Davidson Working

Paper Number 549

Domowitz et al.,1986, Business Cycles and the Relationship between Concentration and Price Cost Margins, Rand Journal of Economics, 17, 1-17.

Driffield, N., 2001, "The Impact on Domestic Productivity of Inward Investment in the UK," *The Manchester School*, 69(1):103-119.

Findlay, Ronald, 1978, "Relative Backwardness, Direct Foreign Investment, and the Transfer of Technology: A Simple Dynamic Model," *Quarterly Journal of Economics*, 62: 1-16

Galina Hale, 2007, "Are there Productivity Spillovers from Foreign Direct Investment in China?", FEDERAL RESERVE BANK OF SAN FRANCISCO WORKING PAPER SERIES

Geroski, P.A, 1982, "Simultaneous Equations Models of the Structure-performance Paradigm," *European Economics Review*, 9: 145-158

Girma, 2004, "The Role of Exporting and Linkages for Productivity Spillovers from FDI", University of Nottingham Research Paper No. 2004/30

Girma, S., Greenaway, D. and Wakelin, K., 2001, "Who benefits from Foreign Direct Investment in the UK?" *Scottish Journal of Political Economy*, 48(2): 119-133

Globerman, S. 1979, "Foreign Direct Investment and "Spillover" Efficiency Benefits in Canadian Manufacturing Industries," *Canadian Journal of Economics*, 12:42-56

Haddad & Harrison, 1993, "Are there positive spillovers from direct foreign investment? Evidence from Panel Data for Morocco", *Journal of Development Economics*, 42: 51–74.

Haskel, Pereira & Slaughter, 2002, "Does Inward Foreign Direct Investment Boost the Productivity of Domestic Firms?," NBER Working Papers 8724

Hsiao, 1986, Analysis of panel data, Cambridge University Press

Hu & Jefferson, 2002, "FDI Impact and Spillover: Evidence from China's Electronic and Textile Industries," *The World Economy*, Wiley Blackwell, vol. 25(8): 1063-1076

Hubert & Pain, 2000, "Inward Investment and Technical Progress in the UK Manufacturing Sector," OECD Economics Department Working Papers 268

Irving Gershenberg, 1987, "The training and spread of managerial know-how, a comparative analysis of multinational and other firms in Kenya", *World Development*, Volume 15, Issue 7, July 1987, Pages 931-939

Keller & Yeaple, 2003, "Multinational Enterprises, International Trade and Productivity Growth: Firm-Level Evidence from the US," CEPR Discussion Papers 3805, C.E.P.R. Discussion Papers.

Kim & Hwang, 2000, "The Role of Foreign Direct Investment in Korea's Economic Development: Productivity Effects and Implications for the Currency Crisis", *The Role of Foreign Direct Investment in East Asian Economic Development*, NBER-EASE Volume 9: 267-294.

Kim, Hyuk Hwang & June Dong Kim, 2010, "Productivity Spillover

Effect of Foreign Direct Investment into Korea," *Journal of East Asian Economic Integration*, Vol.14, No.2 December: 21-47

Kokko, A., 1994, "Technology, market, characteristics and spillover [J]," *Journal of Development Economics*, (43):279-293.

______1996, "Productivity spillovers from Competition between Local Firms and Foreign Affiliates," *Journal of International Development*, 8: 517-530

Kugler, 2001, "The diffusion of externalities from foreign direct investment: the sectoral pattern of technological spillovers", Discussion Paper in Economics and Econometrics, University of Southampton.

lall, 1980, "Vertical Inter-firm Linkages in LDCs: An Empirical Study", Oxford Bulletin of Economics and Statistics 42, no. 3: 203-06.

______1985, *Multinationals, Technology and Export*, London : Macmillan.

Li, Xiaoying, Xiaming Liu, David Parker, 2001, "Foreign direct investment and productivity spillovers in the Chinese manufacturing sector", *Economic Systems* 25, 301-321

Liu & Lin, 2004, "Backward Linkages of Foreign Direct Investment: Evidence form China," Lingnan University Working Paper.

Liu, 2000, "Productivity Spillovers From Foreign Direct Investment: Evidence From UK Industry Level Panel Data," *Journal of International Business Studies*, Palgrave Macmillan Journals, vol. 31(3): 407-425,

Liu, 2002, "Foreign Direct Investment and Technology Spillover:

Evidence from China" *Journal of Comparative Economics*, Vol. 30, No. 3, September 2002: 579-602

MacDougall, G.D.A. 1960, "The Benefits and Costs of Private Investment from Abroad: A Theoretical Approach," *Economic Record*, 36: 13-35

Mauro & sourafel, 2008, "Exporting, Linkages and Productivity Spillovers from Foreign Direct Investment" *Canadian Journal of Economics/Revue canadienne deconomique*, Vol. 41, Issue 1: 320-340,

Perez, T., 1998, *Multinational Enterprises and Technological Spillovers*, The Netherlands: Harwood Academic Publishers.

Pottelsberghe, Bruno Van & Frank Lichtenberg, 2001, "Does foreign direct investment transfer technology across borders?," *Review of Economics and Statistics* 83: 490–497.

Schoors, K. and B. van der Tol, 2002, "Foreign Direct Investment Spillovers within and between Sectors: Evidence from Hungarian Data," Working Paper No. 157. Department of Economics, Ghent University, Belgium.

Yasuyuki Todo, Weiying Zhang and Li-An Zhou, 2006, "Intra-Industry Knowledge Spillover from Foreign Direct Investment in R&D: Evidence from a Chinese Science Park," *SSRN Working Paper*, October 2006: 1-34

包群, 賴明勇, 2002, "中國外商直接投資與技術進步的實證研究", 『經濟評論』 2002年 第6期: 63-71

陳斌, 2000, “江蘇外商直接投資外溢效應的實證研究”, 『江蘇統計 · 應用研究』 2000. 9: 23-24

何潔, 2000, “外國直接投資對中國工業部門外溢效應的進一步精確量化”, 『世界經濟』, 2000(12): 29-36

董瑾, 朱桂龍, 2007, “外商直接投資,垂直聯系與技術溢出效應”, 『南方經濟』, 2007年第2期: 46-56

隆娟潔, 2009, 『不同來源地FDI技術溢出效應研究』, 中南大學博士學位論文

潘文卿, 2003, “外商投資對中國工業部門的外溢效應:基於面板數據的分析”, 『世界經濟』, (6): 3-7.

秦曉鍾, 胡志寶, 1998, “淺析外商對華直接投資技術外溢效應的特征”,『投資研究』, 1998 C4 : 46-49

王成歧, 2006, “誰從誰獲益 : 中國制造業中的外商直接投資”, 『產業經濟』, 2006年第10期: 23-31

王耀中, 2005, “基於前後向關聯分析的外商直接投資與技術外溢”, 經濟評論2005年第06期: 30- 37

王志鵬, 李子奈, 2004, “外商直接投資 `外溢效應與內生經濟增長”, 『世界經濟文彙』, 2004年第3期: 24-33

嚴兵, 2006, “外商在華直接投資的溢出效應”, 『山西財經大學學報』, 第28卷第4期: 41-45

祖強, 梁俊偉, 2005, “跨國公司直接投資的行業技術溢出效應實證研究”, 『世界經濟研究』2005年 第9期: 4-9

中經網統計數據庫http://db.cei.gov.cn/

中國商務部www.mofcom.gov.cn

中華人民共和國國家統計局www.stats.gov.cn

中國工業經濟統計年鑒

中國經濟普查年鑒

中國科學技術統計年鑑

中國統計數據應用支持系統http://info.acmr.cn/

부 록

〈부록모형 1〉

$$
\begin{cases}
LOG(LP_d)_{jt} = \alpha_0 + \alpha_1 LOG(LP_f)_{jt} + \alpha_2 LOG(K_d/L_d)_{jt} + \alpha_3 (LQ_d)_{jt} + \alpha_4 LOG(SCALE_d)_{jt} \\
\qquad + \alpha_5 LOG(RD_d)_{jt} + \alpha_6 T_d T_{f_{jt}} + \alpha_7 FDIZ_{jt} + \theta_1 \gamma_1 + \epsilon_0 \cdots\cdots (\text{모형}1) \\
LOG(LP_f)_{jt} = \beta_0 + \beta_1 LOG(LP_d)_{jt} + \beta_2 LOG(K_f/L_f)_{jt} + \beta_3 (LQ_f)_{jt} + \beta_4 LOG(SCALE_f)_{jt} \\
\qquad + \beta_5 LOG(RD_f)_{jt} + \theta_2 \gamma_2 + \epsilon_1 \cdots\cdots (\text{모형}2)
\end{cases}
$$

$$
\begin{cases}
LOG(LP_d)_{jt} = \alpha_0 + \alpha_1 LOG(LP_f)_{jt} + \alpha_2 LOG(K_d/L_d)_{jt} + \alpha_3 (LQ_d)_{jt} + \alpha_4 LOG(SCALE_d)_{jt} \\
\qquad + \alpha_5 LOG(RD_d)_{jt} + \alpha_6 T_d T_{f_{jt}} + \alpha_7 FDIP_{jt} + \theta_1 \gamma_1 + \epsilon_0 \cdots\cdots (\text{모형}3) \\
LOG(LP_f)_{jt} = \beta_0 + \beta_1 LOG(LP_d)_{jt} + \beta_2 LOG(K_f/L_f)_{jt} + \beta_3 (LQ_f)_{jt} + \beta_4 LOG(SCALE_f)_{jt} \\
\qquad + \beta_5 LOG(RD_f)_{jt} + \theta_2 \gamma_2 + \epsilon_1 \cdots\cdots (\text{모형}4)
\end{cases}
$$

$$
\begin{cases}
LOG(LP_d)_{jt} = \alpha_0 + \alpha_1 LOG(LP_f)_{jt} + \alpha_2 LOG(K_d/L_d)_{jt} + \alpha_3 (LQ_d)_{jt} + \alpha_4 LOG(SCALE_d)_{jt} \\
\qquad + \alpha_5 LOG(RD_d)_{jt} + \alpha_6 T_d T_{f_{jt}} + \alpha_7 FDIPT_{jt} + \alpha_8 FDIPO_{jt} + \theta_1 \gamma_1 + \epsilon_0 \cdots\cdots (\text{모형}5) \\
LOG(LP_f)_{jt} = \beta_0 + \beta_1 LOG(LP_d)_{jt} + \beta_2 LOG(K_f/L_f)_{jt} + \beta_3 (LQ_f)_{jt} + \beta_4 LOG(SCALE_f)_{jt} \\
\qquad + \beta_5 LOG(RD_f)_{jt} + \theta_2 \gamma_2 + \epsilon_1 \cdots\cdots (\text{모형}6)
\end{cases}
$$

$$
\begin{cases}
LOG(LP_d)_{jt} = \alpha_0 + \alpha_1 LOG(LP_f)_{jt} + \alpha_2 LOG(K_d/L_d)_{jt} + \alpha_3 (LQ_d)_{jt} + \alpha_4 LOG(SCALE_d)_{jt} \\
\qquad + \alpha_5 LOG(RD_d)_{jt} + \alpha_6 T_d T_{f_{jt}} + \alpha_7 FDIZT_{jt} + \alpha_8 FDIZO_{jt} + \theta_1 \gamma_1 + \epsilon_0 \cdots\cdots (\text{모형}7) \\
LOG(LP_f)_{jt} = \beta_0 + \beta_1 LOG(LP_d)_{jt} + \beta_2 LOG(K_f/L_f)_{jt} + \beta_3 (LQ_f)_{jt} + \beta_4 LOG(SCALE_f)_{jt} \\
\qquad + \beta_5 LOG(RD_f)_{jt} + \theta_2 \gamma_2 + \epsilon_1 \cdots\cdots (\text{모형}8)
\end{cases}
$$

〈부록모형 2〉

$$
\begin{cases}
LOG(LP_d)_{jt} = \alpha_0 + \alpha_1 LOG(LP_f)_{jt} + \alpha_2 LOG(K_d/L_d)_{jt} + \alpha_3 (LQ_d)_{jt} + \alpha_4 LOG(SCALE_d)_{jt} \\
\qquad + \alpha_5 LOG(RD_d)_{jt} + \alpha_6 T_d T_{f_{jt}} + \alpha_7 FDIZ_{jt} + \epsilon_0 \cdots\cdots (\text{모형}A) \\
LOG(LP_f)_{jt} = \beta_0 + \beta_1 LOG(LP_d)_{jt} + \beta_2 LOG(K_f/L_f)_{jt} + \beta_3 (LQ_f)_{jt} + \beta_4 LOG(SCALE_f)_{jt} \\
\qquad + \beta_5 LOG(RD_f)_{jt} + \epsilon_1 \cdots\cdots (\text{모형}E)
\end{cases}
$$

$$
\begin{cases}
LOG(LP_d)_{jt} = \alpha_0 + \alpha_1 LOG(LP_f)_{jt} + \alpha_2 LOG(K_d/L_d)_{jt} + \alpha_3 (LQ_d)_{jt} + \alpha_4 LOG(SCALE_d)_{jt} \\
\qquad + \alpha_5 LOG(RD_d)_{jt} + \alpha_6 T_d T_{f_{jt}} + \alpha_7 FDIZT_{jt} + \alpha_8 FDIZO_{jt} + \epsilon_0 \cdots\cdots (\text{모형}B) \\
LOG(LP_f)_{jt} = \beta_0 + \beta_1 LOG(LP_d)_{jt} + \beta_2 LOG(K_f/L_f)_{jt} + \beta_3 (LQ_f)_{jt} + \beta_4 LOG(SCALE_f)_{jt} \\
\qquad + \beta_5 LOG(RD_f)_{jt} + \epsilon_1 \cdots\cdots (\text{모형}F)
\end{cases}
$$

$$
\begin{cases}
LOG(LP_d)_{jt} = \alpha_0 + \alpha_1 LOG(LP_f)_{jt} + \alpha_2 LOG(K_d/L_d)_{jt} + \alpha_3 (LQ_d)_{jt} + \alpha_4 LOG(SCALE_d)_{jt} \\
\qquad + \alpha_5 LOG(RD_d)_{jt} + \alpha_6 T_d T_{f_{jt}} + \alpha_7 FDIP_{jt} + \epsilon_0 \cdots\cdots (\text{모형}C) \\
LOG(LP_f)_{jt} = \beta_0 + \beta_1 LOG(LP_d)_{jt} + \beta_2 LOG(K_f/L_f)_{jt} + \beta_3 (LQ_f)_{jt} + \beta_4 LOG(SCALE_f)_{jt} \\
\qquad + \beta_5 LOG(RD_f)_{jt} + \epsilon_1 \cdots\cdots (\text{모형}G)
\end{cases}
$$

$$
\begin{cases}
LOG(LP_d)_{jt} = \alpha_0 + \alpha_1 LOG(LP_f)_{jt} + \alpha_2 LOG(K_d/L_d)_{jt} + \alpha_3 (LQ_d)_{jt} + \alpha_4 LOG(SCALE_d)_{jt} \\
\qquad + \alpha_5 LOG(RD_d)_{jt} + \alpha_6 T_d T_{f_{jt}} + \alpha_7 FDIPT_{jt} + \alpha_8 FDIPO_{jt} + \epsilon_0 \cdots\cdots (\text{모형}D) \\
LOG(LP_f)_{jt} = \beta_0 + \beta_1 LOG(LP_d)_{jt} + \beta_2 LOG(K_f/L_f)_{jt} + \beta_3 (LQ_f)_{jt} + \beta_4 LOG(SCALE_f)_{jt} \\
\qquad + \beta_5 LOG(RD_f)_{jt} + \epsilon_1 \cdots\cdots (\text{모형}H)
\end{cases}
$$

〈부표 1〉 기초 통계량

	N	Mean	Maximum	Minimum	Std. Dev.
$LOG(LP_d)$	240	11.41	12.72	10.21	0.54
$LOG(LP_f)$	240	11.72	13.72	9.76	0.51
$LOG(K_d/L_d)$	240	12.11	13.52	11.29	0.43
$LOG(K_f/L_f)$	240	12.21	13.85	11.16	0.49
$LOG(SCALE_d)$	240	18.18	19.31	17.05	0.46
$LOG(SCALE_f)$	240	18.64	20.55	17.09	0.58
LQ_d	240	4.73	9.19	1.21	1.68
LQ_f	240	3.69	12.63	0.03	2.11
$LOG(RD_d)$	240	8.47	10.04	6.75	0.64
$LOG(RD_f)$	240	8.23	10.13	4.38	1.13
T_dT_f	240	1.56	13.39	0.26	1.09
FDIZ	240	16.57	54.13	0.90	14.54
FDIZT	240	5.47	38.48	0.08	7.02
FDIZO	240	11.10	44.45	0.03	9.57
FDIP	240	15.64	65.58	0.74	16.36
FDIPT	240	6.73	47.89	0.12	9.88
FDIPO	240	8.91	42.32	0.14	8.61

〈부표 2〉 분석결과 [표 5-3]에 사용된 독립변수간 상관관계

	LP_f	K_d/L_d	$SCALE_d$	LQ_d	RD_d	TdT_f	FDIZ	FDIZT
K_d/L_d	0.39							
$SCALE_d$	0.43	0.52						
LQ_d	0.07	-0.14	-0.13					
RD_d	0.50	0.26	0.39	0.59				
T_dT_f	0.43	-0.19	-0.16	0.01	-0.10			
FDIZ	0.05	-0.13	-0.16	0.27	0.51	-0.07		
FDIZT	-0.18	-0.25	-0.24	0.26	0.33	-0.14	0.83	
FDIZO	0.21	-0.05	-0.07	0.22	0.53	0.00	0.91	0.52

주) FDIZ와 FDIZT, FDIZO의 상관관계 계수값이 1에 가까워 다중공선성문제가 제기되어 분석결과 1에서 모형 A와 모형 B로 나누어 분석하였음

〈부표 3〉 분석결과 [표 5-4]에 사용된 독립변수간 상관관계

	LP_f	K_d/L_d	$SCALE_d$	LQ_d	RD_d	T_dT_f	FDIP	FDIPT
K_d/L_d	0.39							
$SCALE_d$	0.43	0.52						
LQ_d	0.07	-0.14	-0.13					
RD_d	0.50	0.26	0.39	0.59				
T_dT_f	0.43	-0.19	-0.16	0.01	-0.10			
FDIP	-0.04	-0.09	-0.15	0.28	0.49	-0.19		
FDIPT	-0.21	-0.18	-0.24	0.23	0.32	-0.19	0.90	
FDIPO	0.17	0.11	-0.01	0.27	0.57	-0.13	0.87	0.56

주) FDIP와 FDIPT, FDIPO의 상관관계 계수값이 1에 가까워 다중공선성문제가 제기되어 분석결과 2에서 모형 C와 모형 D로 나누어 분석하였음

〈부표 4〉 분석결과 [표 5-5]에 사용된 독립변수간 상관관계

	LP_f	Kf/L_f	$SCALE_f$	LQ_f	RD_f
K_f/L_f	0.46				
$SCALE_f$	0.36	0.53			
LQ_f	0.08	0.08	0.09		
RD_f	0.32	0.04	0.44	0.54	
TdT_f	0.43	0.28	0.23	0.16	0.03

〈부표 5〉 전국에서 비국유기업의 기술파급효과에 대한 기초통계

	LOG(GZ)	LOG(L)	LOG(K)	PCM	HORI	HORIT	HORIO	FORW	FORWT	FORWO	BACK	BACKT	BACKO
Mean	18.37	12.47	17.02	24.88	26.38	8.89	17.49	11.24	3.64	7.60	31.02	10.16	20.86
Maximum	21.49	14.85	21.04	63.07	76.06	35.26	58.44	75.00	22.23	66.02	555.49	186.35	387.83
Minimum	15.35	9.42	13.66	11.07	0.09	0.02	0.01	0.02	0.02	0.01	0.01	0.01	0.01
Std. Dev.	1.12	0.96	1.13	6.34	16.63	7.15	11.62	13.51	4.27	10.25	76.79	25.71	52.61
Obs	504	504	504	504	504	504	504	504	504	504	504	504	504

〈부표 6〉 전국에서 국유기업의 기술파급효과에 대한 기초통계

	LOG(GZ)	LOG(L)	LOG(K)	PCM	HORI	HORIT	HORIO	FORW	FORWT	FORWO	BACK	BACKT	BACKO
Mean	16.23	10.73	15.51	22.73	26.38	8.89	17.49	11.24	3.64	7.60	31.02	10.16	20.86
Maximum	21.43	14.75	21.19	84.61	76.06	35.26	58.44	75.00	22.23	66.02	555.49	186.35	387.83
Minimum	12.88	7.38	11.85	10.48	0.09	0.02	0.01	0.02	0.02	0.01	0.01	0.01	0.01
Std. Dev.	1.60	1.35	1.74	13.30	16.63	7.15	11.62	13.51	4.27	10.25	76.79	25.71	52.61
Obs	504	504	504	504	504	504	504	504	504	504	504	504	504

〈부표 7〉 전국에서 국내기업의 기술파급효과에 대한 기초통계

	LOG(GZ)	LOG(L)	LOG(K)	PCM	HORI	HORIT	HORIO	FORW	FORWT	FORWO	BACK	BACKT	BACKO
Mean	18.63	12.78	17.38	24.63	26.38	8.89	17.49	11.24	3.64	7.60	31.02	10.16	20.86
Maximum	21.72	15.40	21.48	79.27	76.06	35.26	58.44	75.00	22.23	66.02	555.49	186.35	387.83
Minimum	15.58	10.44	14.33	11.11	0.09	0.02	0.01	0.02	0.02	0.01	0.01	0.01	0.01
Std. Dev.	1.08	0.85	1.19	7.94	16.63	7.15	11.62	13.51	4.27	10.25	76.79	25.71	52.61
Obs	504	504	504	504	504	504	504	504	504	504	504	504	504

〈부표 8〉 동부지역에서 비국유기업의 기술파급효과에 대한 기초통계

	LOG(GZ)	LOG(L)	LOG(K)	PCM	HORI	HORIT	HORIO	FORW	FORWT	FORWO	BACK	BACKT	BACKO
Mean	17.89	11.87	16.45	23.84	32.73	11.18	21.55	17.25	5.70	11.55	48.27	15.93	32.34
Maximum	21.14	14.49	19.92	234.30	80.72	36.99	60.33	126.88	41.63	95.63	766.92	269.48	553.42
Minimum	14.65	7.39	13.43	2.66	0.01	0.01	0.01	0.01	0.01	0.01	0.01	0.01	0.01
Std. Dev.	1.16	1.08	1.16	12.60	17.92	7.96	12.88	21.82	7.38	15.78	115.10	39.24	78.22
Obs	504	504	504	504	504	504	504	504	504	504	504	504	504

〈부표 9〉 동부지역에서 국유기업의 기술파급효과에 대한 기초통계

	LOG(GZ)	LOG(L)	LOG(K)	PCM	HORI	HORIT	HORIO	FORW	FORWT	FORWO	BACK	BACKT	BACKO
Mean	15.32	9.67	14.58	25.15	32.73	11.18	21.55	17.25	5.70	11.55	48.27	15.93	32.34
Maximum	20.96	13.50	20.70	416.68	80.72	36.99	60.33	126.88	41.63	95.63	766.92	269.48	553.42
Minimum	9.60	4.78	9.18	9.64	0.01	0.01	0.01	0.01	0.01	0.01	0.01	0.01	0.01
Std. Dev.	1.74	1.44	1.85	32.32	17.92	7.96	12.88	21.82	7.38	15.78	115.10	39.24	78.22
Obs	504	504	504	504	504	504	504	504	504	504	504	504	504

〈부표 10〉 동부지역에서 국내기업의 기술파급효과에 대한 기초통계

	LOG(GZ)	LOG(L)	LOG(K)	PCM	HORI	HORIT	HORIO	FORW	FORWT	FORWO	BACK	BACKT	BACKO
Mean	18.11	12.12	16.75	23.34	32.73	11.18	21.55	17.25	5.70	11.55	48.27	15.93	32.34
Maximum	21.32	14.52	20.71	157.34	80.72	36.99	60.33	126.88	41.63	95.63	766.92	269.48	553.42
Minimum	15.01	9.56	13.56	2.52	0.01	0.01	0.01	0.01	0.01	0.01	0.01	0.01	0.01
Std. Dev.	1.11	0.93	1.21	10.34	17.92	7.96	12.88	21.82	7.38	15.78	115.10	39.24	78.22
Obs	504	504	504	504	504	504	504	504	504	504	504	504	504

〈부표 11〉 서부지역에서 비국유기업의 기술파급효과에 대한 기초통계

	LOG(GZ)	LOG(L)	LOG(K)	PCM	HORI	HORIT	HORIO	FORW	FORWT	FORWO	BACK	BACKT	BACKO
Mean	16.17	10.49	15.01	27.45	10.53	3.06	7.47	5.69	1.69	4.00	10.87	4.04	6.83
Maximum	19.50	13.66	20.08	124.10	52.95	48.45	39.15	76.90	26.72	57.22	164.95	119.15	114.62
Minimum	10.93	5.74	9.48	2.07	0.01	0.01	0.01	0.01	0.01	0.01	0.01	0.01	0.01
Std. Dev.	1.31	1.05	1.38	11.04	9.77	4.60	7.71	9.71	3.44	7.31	23.77	13.08	14.77
Obs	504	504	504	504	504	504	504	504	504	504	504	504	504

〈부표 12〉 서부지역에서 국유기업의 기술파급효과에 대한 기초통계

	LOG(GZ)	LOG(L)	LOG(K)	PCM	HORI	HORIT	HORIO	FORW	FORWT	FORWO	BACK	BACKT	BACKO
Mean	14.16	8.97	13.55	30.64	10.53	3.06	7.47	5.69	1.69	4.00	10.87	4.04	6.83
Maximum	19.62	13.10	19.59	1432.94	52.95	48.45	39.15	76.90	26.72	57.22	164.95	119.15	114.62
Minimum	9.21	3.56	6.03	7.90	0.01	0.01	0.01	0.01	0.01	0.01	0.01	0.01	0.01
Std. Dev.	2.07	1.69	2.11	78.81	9.77	4.60	7.71	9.71	3.44	7.31	23.77	13.08	14.77
Obs	504	504	504	504	504	504	504	504	504	504	504	504	504

〈부표 13〉 서부지역에서 국내기업의 기술파급효과에 대한 기초통계

	LOG(GZ)	LOG(L)	LOG(K)	PCM	HORI	HORIT	HORIO	FORW	FORWT	FORWO	BACK	BACKT	BACKO
Mean	16.49	10.86	15.43	26.51	10.53	3.06	7.47	5.69	1.69	4.00	10.87	4.04	6.83
Maximum	19.87	14.07	20.53	98.79	52.95	48.45	39.15	76.90	26.72	57.22	164.95	119.15	114.62
Minimum	12.70	8.49	12.72	3.01	0.01	0.01	0.01	0.01	0.01	0.01	0.01	0.01	0.01
Std. Dev.	1.30	1.01	1.42	9.95	9.77	4.60	7.71	9.71	3.44	7.31	23.77	13.08	14.77
Obs	504	504	504	504	504	504	504	504	504	504	504	504	504

〈부표 14〉 중부지역에서 비국유기업의 기술파급효과에 대한 기초통계

	LOG(GZ)	LOG(L)	LOG(K)	PCM	HORI	HORIT	HORIO	FORW	FORWT	FORWO	BACK	BACKT	BACKO
Mean	16.76	11.04	15.52	26.82	11.31	3.44	7.34	5.87	1.87	4.00	13.60	4.99	8.61
Maximum	19.98	14.20	19.87	207.46	50.93	44.04	46.45	133.28	33.05	127.73	387.68	183.56	208.26
Minimum	13.00	8.01	11.25	6.87	0.01	0.01	0.02	0.01	0.01	0.01	0.01	0.01	0.01
Std. Dev.	1.24	0.99	1.26	20.56	10.73	5.28	8.03	13.26	3.73	11.40	44.89	19.43	27.88
Obs	504	504	504	504	504	504	504	504	504	504	504	504	504

〈부표 15〉 중부지역에서 국유기업의 기술파급효과에 대한 기초통계

	LOG(GZ)	LOG(L)	LOG(K)	PCM	HORI	HORIT	HORIO	FORW	FORWT	FORWO	BACK	BACKT	BACKO
Mean	14.69	9.41	14.00	65.37	11.31	3.44	7.34	5.87	1.87	4.00	13.60	4.99	8.61
Maximum	19.87	14.14	19.58	2033.10	50.93	44.04	46.45	133.28	33.05	127.73	387.68	183.56	208.26
Minimum	8.62	5.20	8.66	8.64	0.01	0.01	0.02	0.01	0.01	0.01	0.01	0.01	0.01
Std. Dev.	1.86	1.62	1.99	143.38	10.73	5.28	8.03	13.26	3.73	11.40	44.89	19.43	27.88
Obs	504	504	504	504	504	504	504	504	504	504	504	504	504

〈부표 16〉 중부지역에서 국내기업의 기술파급효과에 대한 기초통계

	LOG(GZ)	LOG(L)	LOG(K)	PCM	HORI	HORIT	HORIO	FORW	FORWT	FORWO	BACK	BACKT	BACKO
Mean	17.07	11.40	15.94	27.42	11.31	3.44	7.34	5.87	1.87	4.00	13.60	4.99	8.61
Maximum	20.41	14.75	20.27	194.45	50.93	44.04	46.45	133.28	33.05	127.73	387.68	183.56	208.26
Minimum	14.18	9.37	12.75	3.10	0.01	0.01	0.02	0.01	0.01	0.01	0.01	0.01	0.01
Std. Dev.	1.19	0.92	1.28	14.02	10.73	5.28	8.03	13.26	3.73	11.40	44.89	19.43	27.88
Obs	504	504	504	504	504	504	504	504	504	504	504	504	504

〈부표 17〉 전국에서 비국유기업의 기술파급효과에 대한 상관분석

	1	2	3	4	5	6	7	8	9	10	11
LOG(L)											
LOG(K)	0.49										
PCM	-0.25	0.02									
HORI	0.12	-0.13	-0.33								
HORIT	0.24	-0.03	-0.30	0.81							
HORIO	0.02	-0.17	-0.29	0.93	0.54						
FORW	0.37	0.35	-0.13	0.53	0.35	0.54					
FORWT	0.41	0.39	-0.12	0.53	0.51	0.39	0.83				
FORWO	0.31	0.31	-0.13	0.47	0.21	0.55	0.97	0.68			
BACK	0.27	0.37	-0.06	0.28	0.18	0.29	0.56	0.61	0.62		
BACKT	0.30	0.40	-0.04	0.24	0.24	0.21	0.57	0.53	0.48	0.96	
BACKO	0.25	0.34	-0.07	0.29	0.14	0.32	0.69	0.57	0.57	0.99	0.91

주) 1. LOG(L) 2. LOG(K) 3. PCM 4. HORI 5. HORIT 6. HORIO 7. FORW 8. FORWT 9. FORWO 10. BACK 11. BACKT

〈부표 18〉 전국에서 국유기업의 기술파급효과에 대한 상관분석

	1	2	3	4	5	6	7	8	9	10	11
LOG(L)											
LOG(K)	0.44										
PCM	0.08	0.19									
HORI	-0.46	-0.47	-0.17								
HORIT	-0.34	-0.39	-0.14	0.81							
HORIO	-0.45	-0.44	-0.15	0.93	0.54						
FORW	0.19	0.21	0.01	0.53	0.35	0.54					
FORWT	0.16	0.17	0.04	0.53	0.51	0.39	0.83				
FORWO	0.18	0.20	0.00	0.47	0.21	0.55	0.97	0.68			
BACK	0.24	0.30	0.11	0.28	0.18	0.29	0.56	0.61	0.62		
BACKT	0.25	0.30	0.11	0.24	0.24	0.21	0.57	0.53	0.48	0.96	
BACKO	0.22	0.29	0.11	0.29	0.14	0.32	0.69	0.57	0.57	0.99	0.91

주) 1. LOG(L) 2. LOG(K) 3. PCM 4. HORI 5. HORIT 6. HORIO 7. FORW 8. FORWT 9. FORWO 10. BACK 11. BACKT

〈부표 19〉 전국에서 국내기업의 기술파급효과에 대한 상관분석

	1	2	3	4	5	6	7	8	9	10	11
LOG(L)											
LOG(K)	0.42										
PCM	-0.04	0.19									
HORI	-0.13	-0.33	-0.28								
HORIT	0.05	-0.21	-0.25	0.81							
HORIO	-0.22	-0.35	-0.25	0.93	0.54						
FORW	0.32	0.27	-0.10	0.53	0.35	0.54					
FORWT	0.37	0.28	-0.07	0.53	0.51	0.39	0.83				
FORWO	0.27	0.23	-0.10	0.47	0.21	0.55	0.97	0.68			
BACK	0.28	0.33	-0.02	0.28	0.18	0.29	0.56	0.61	0.62		
BACKT	0.32	0.36	0.00	0.24	0.24	0.21	0.57	0.53	0.48	0.96	
BACKO	0.26	0.31	-0.02	0.29	0.14	0.32	0.69	0.57	0.57	0.99	0.91

주) 1. LOG(L) 2. LOG(K) 3. PCM 4. HORI 5. HORIT 6. HORIO 7. FORW 8. FORWT 9. FORWO 10. BACK 11. BACKT

〈부표 20〉 동부지역에서 비국유기업의 기술파급효과에 대한 상관분석

	1	2	3	4	5	6	7	8	9	10	11
LOG(L)											
LOG(K)	0.47										
PCM	-0.34	-0.12									
HORI	0.24	-0.07	-0.28								
HORIT	0.31	0.01	-0.24	0.77							
HORIO	0.14	-0.11	-0.25	0.92	0.45						
FORW	0.37	0.37	-0.14	0.50	0.32	0.50					
FORWT	0.40	0.39	-0.14	0.48	0.53	0.33	0.88				
FORWO	0.33	0.33	-0.13	0.48	0.20	0.54	0.97	0.74			
BACK	0.28	0.42	-0.04	0.23	0.13	0.24	0.50	0.62	0.68		
BACKT	0.29	0.45	-0.02	0.19	0.19	0.15	0.62	0.54	0.55	0.96	
BACKO	0.27	0.40	-0.05	0.24	0.09	0.27	0.72	0.59	0.72	0.99	0.91

주) 1. LOG(L) 2. LOG(K) 3. PCM 4. HORI 5. HORIT 6. HORIO 7. FORW 8. FORWT 9. FORWO 10. BACK 11. BACKT

〈부표 21〉 동부지역에서 국유기업의 기술파급효과에 대한 상관분석

	1	2	3	4	5	6	7	8	9	10	11
LOG(L)											
LOG(K)	0.43										
PCM	-0.07	0.01									
HORI	-0.36	-0.40	-0.08								
HORIT	-0.29	-0.33	-0.09	0.77							
HORIO	-0.32	-0.36	-0.06	0.92	0.45						
FORW	0.18	0.21	0.04	0.50	0.32	0.50					
FORWT	0.13	0.16	0.04	0.48	0.53	0.33	0.88				
FORWO	0.18	0.21	0.04	0.48	0.20	0.54	0.97	0.74			
BACK	0.28	0.34	0.10	0.23	0.13	0.24	0.50	0.62	0.68		
BACKT	0.28	0.33	0.09	0.19	0.19	0.15	0.62	0.54	0.55	0.96	
BACKO	0.27	0.33	0.10	0.24	0.09	0.27	0.72	0.59	0.72	0.99	0.91

주) 1. LOG(L) 2. LOG(K) 3. PCM 4. HORI 5. HORIT 6. HORIO 7. FORW 8. FORWT 9. FORWO 10. BACK 11. BACKT

〈부표 22〉 동부지역에서 국내기업의 기술파급효과에 대한 상관분석

	1	2	3	4	5	6	7	8	9	10	11
LOG(L)											
LOG(K)	0.49										
PCM	-0.18	0.04									
HORI	0.01	-0.28	-0.28								
HORIT	0.15	-0.16	-0.23	0.77							
HORIO	-0.08	-0.29	-0.25	0.92	0.45						
FORW	0.34	0.29	-0.13	0.50	0.32	0.50					
FORWT	0.37	0.30	-0.12	0.48	0.53	0.33	0.88				
FORWO	0.30	0.26	-0.12	0.48	0.20	0.54	0.97	0.74			
BACK	0.32	0.40	-0.01	0.23	0.13	0.24	0.50	0.62	0.68		
BACKT	0.33	0.42	0.01	0.19	0.19	0.15	0.62	0.54	0.55	0.96	
BACKO	0.30	0.37	-0.01	0.24	0.09	0.27	0.72	0.59	0.72	0.99	0.91

주) 1. LOG(L) 2. LOG(K) 3. PCM 4. HORI 5. HORIT 6. HORIO 7. FORW 8. FORWT 9. FORWO 10. BACK 11. BACKT

〈부표 23〉 서부지역에서 비국유기업의 기술파급효과에 대한 상관분석

	1	2	3	4	5	6	7	8	9	10	11
LOG(L)											
LOG(K)	0.46										
PCM	-0.04	0.09									
HORI	-0.08	-0.09	-0.08								
HORIT	-0.01	-0.04	-0.06	0.64							
HORIO	-0.09	-0.09	-0.07	0.89	0.21						
FORW	0.42	0.42	0.00	0.29	0.18	0.26					
FORWT	0.35	0.41	0.05	0.23	0.42	0.04	0.79				
FORWO	0.39	0.36	-0.03	0.28	0.04	0.33	0.96	0.58			
BACK	0.47	0.53	-0.01	0.04	0.04	0.03	0.53	0.45	0.49		
BACKT	0.37	0.44	0.01	-0.04	0.15	-0.13	0.25	0.40	0.15	0.83	
BACKO	0.43	0.46	-0.02	0.10	-0.06	0.17	0.63	0.37	0.67	0.87	0.45

주) 1. LOG(L) 2. LOG(K) 3. PCM 4. HORI 5. HORIT 6. HORIO 7. FORW 8. FORWT 9. FORWO 10. BACK 11. BACKT

〈부표 24〉 서부지역에서 국유기업의 기술파급효과에 대한 상관분석

	1	2	3	4	5	6	7	8	9	10	11
LOG(L)											
LOG(K)	0.45										
PCM	-0.10	-0.07									
HORI	-0.47	-0.42	0.02								
HORIT	-0.28	-0.25	-0.02	0.64							
HORIO	-0.42	-0.38	0.04	0.89	0.21						
FORW	0.25	0.26	-0.02	0.29	0.18	0.26					
FORWT	0.23	0.25	-0.01	0.23	0.42	0.04	0.79				
FORWO	0.23	0.22	-0.02	0.28	0.04	0.33	0.96	0.58			
BACK	0.39	0.42	-0.01	0.04	0.04	0.03	0.53	0.45	0.49		
BACKT	0.33	0.35	0.00	-0.04	0.15	-0.13	0.25	0.40	0.15	0.83	
BACKO	0.34	0.37	-0.02	0.10	-0.06	0.17	0.63	0.37	0.67	0.87	0.45

주) 1. LOG(L) 2. LOG(K) 3. PCM 4. HORI 5. HORIT 6. HORIO 7. FORW 8. FORWT 9. FORWO 10. BACK 11. BACKT

〈부표 25〉 서부지역에서 국내기업의 기술파급효과에 대한 상관분석

	1	2	3	4	5	6	7	8	9	10	11
LOG(L)											
LOG(K)	0.49										
PCM	0.14	0.28									
HORI	-0.26	-0.24	-0.05								
HORIT	-0.12	-0.13	-0.03	0.64							
HORIO	-0.26	-0.23	-0.04	0.89	0.21						
FORW	0.40	0.37	0.02	0.29	0.18	0.26					
FORWT	0.35	0.37	0.07	0.23	0.42	0.04	0.79				
FORWO	0.36	0.32	0.00	0.28	0.04	0.33	0.96	0.58			
BACK	0.49	0.51	0.02	0.04	0.04	0.03	0.53	0.45	0.49		
BACKT	0.40	0.43	0.03	-0.04	0.15	-0.13	0.25	0.40	0.15	0.83	
BACKO	0.43	0.44	0.01	0.10	-0.06	0.17	0.63	0.37	0.67	0.87	0.45

주) 1. LOG(L) 2. LOG(K) 3. PCM 4. HORI 5. HORIT 6. HORIO 7. FORW 8. FORWT 9. FORWO 10. BACK 11. BACKT

〈부표 26〉 중부지역에서 비국유기업의 기술파급효과에 대한 상관분석

	1	2	3	4	5	6	7	8	9	10	11
LOG(L)											
LOG(K)	0.42										
PCM	-0.05	-0.01									
HORI	-0.13	-0.16	0.01								
HORIT	-0.04	-0.08	0.02	0.62							
HORIO	-0.14	-0.14	0.00	0.87	0.21						
FORW	0.30	0.37	-0.01	0.22	0.08	0.23					
FORWT	0.22	0.37	0.01	0.21	0.39	0.00	0.60				
FORWO	0.28	0.31	-0.01	0.18	-0.03	0.27	0.97	0.37			
BACK	0.31	0.43	0.01	0.06	0.00	0.08	0.54	0.43	0.49		
BACKT	0.28	0.40	0.02	-0.01	0.04	-0.05	0.26	0.42	0.17	0.93	
BACKO	0.30	0.41	0.00	0.11	-0.03	0.16	0.68	0.40	0.57	0.96	0.79

주) 1. LOG(L) 2. LOG(K) 3. PCM 4. HORI 5. HORIT 6. HORIO 7. FORW 8. FORWT 9. FORWO 10. BACK 11. BACKT

〈부표 27〉 중부지역에서 국유기업의 기술파급효과에 대한 상관분석

	1	2	3	4	5	6	7	8	9	10	11
LOG(L)											
LOG(K)	0.43										
PCM	-0.16	-0.11									
HORI	-0.43	-0.35	0.06								
HORIT	-0.21	-0.19	0.02	0.62							
HORIO	-0.40	-0.31	0.09	0.87	0.21						
FORW	0.30	0.33	-0.01	0.22	0.08	0.23					
FORWT	0.27	0.35	0.00	0.21	0.39	0.00	0.60				
FORWO	0.26	0.27	-0.01	0.18	-0.03	0.27	0.97	0.37			
BACK	0.29	0.37	0.00	0.06	0.00	0.08	0.54	0.43	0.49		
BACKT	0.27	0.34	0.01	-0.01	0.04	-0.05	0.26	0.42	0.17	0.93	
BACKO	0.28	0.35	0.00	0.11	-0.03	0.16	0.68	0.40	0.57	0.96	0.79

주) 1. LOG(L) 2. LOG(K) 3. PCM 4. HORI 5. HORIT 6. HORIO 7. FORW 8. FORWT 9. FORWO 10. BACK 11. BACKT

〈부표 28〉 중부지역에서 국내기업의 기술파급효과에 대한 상관분석

	1	2	3	4	5	6	7	8	9	10	11
LOG(L)											
LOG(K)	0.45										
PCM	-0.07	0.07									
HORI	-0.29	-0.28	0.00								
HORIT	-0.14	-0.16	0.06	0.62							
HORIO	-0.29	-0.24	-0.04	0.87	0.21						
FORW	0.34	0.37	-0.01	0.22	0.08	0.23					
FORWT	0.27	0.39	0.07	0.21	0.39	0.00	0.60				
FORWO	0.31	0.31	-0.03	0.18	-0.03	0.27	0.97	0.37			
BACK	0.34	0.43	0.02	0.06	0.00	0.08	0.54	0.43	0.49		
BACKT	0.32	0.41	0.04	-0.01	0.04	-0.05	0.26	0.42	0.17	0.93	
BACKO	0.33	0.41	0.00	0.11	-0.03	0.16	0.68	0.40	0.57	0.96	0.79

주) 1. LOG(L) 2. LOG(K) 3. PCM 4. HORI 5. HORIT 6. HORIO 7. FORW 8. FORWT 9. FORWO 10. BACK 11. BACKT

〈부표 29〉 기술 집약형 산업과 노동 집약형 산업의 분류

기술집약산업		노동집약산업	
집약도	산업	집약도	산업
0.004054	專用儀器儀表制造	0.000272	日用化學産品制造
0.004038	通信設備制造	0.000269	卷煙制造
0.00281	通用儀器儀表制造	0.000258	玻璃及玻璃制品制造
0.002437	金屬加工機械制造	0.000219	造紙
0.002279	農藥制造	0.000209	其他食品制造
0.0019	鐵路運輸設備制造	0.000164	陶瓷制品制造
0.001899	化學藥品制劑制造	0.000128	軟飮料制造
0.001884	電子和電工機械專用設備制造	0.000126	金屬鑄, 鍛加工
0.001771	環保, 社會公共安全及其他專用設備制造	0.00011	通用零部件制造及機械修理
0.001559	鍋爐及原動機制造	0.00011	精制茶加工
0.001558	食品飮料煙草及飼料生産專用設備制造	0.000101	燃氣生産和供應業
0.0014	中成藥制造	9.08E-05	電力生産
0.001322	電子器件制造	8.34E-05	棉, 化纖紡織及印染精加工
0.001221	印刷, 制藥, 日化生産專用設備制造	7.56E-05	結構性金屬制品制造
0.001177	礦山, 冶金, 建築專用設備制造	6.93E-05	紡織制成品制造
0.001138	輸配電及控制設備制造	6.9E-05	自來水的生産和供應
0.001125	起重運輸設備制造	6.84E-05	飼料加工
0.000915	船舶及浮動裝置制造	6.77E-05	印刷
0.000887	鋼壓延加工	5.88E-05	屠宰及肉類加工
0.000879	汽車制造	5.39E-05	電力供應
0.00087	風機, 衡器, 包裝設備等通用設備制造	5.19E-05	鐵礦采選
0.000798	泵, 閥門, 壓縮機及類似機械的制造	4.1E-05	人造板制造
0.000621	軸承, 齒輪, 傳動和驅動部件的制造	4.08E-05	針織品, 編織品及其制品制造
0.000606	肥料制造	4.04E-05	水泥, 石灰和石膏的制造
0.000582	農, 林, 牧, 漁專用機械制造	3.99E-05	常用有色金屬礦采選
0.000529	有色金屬壓延加工	3.39E-05	穀物磨制
0.000526	摩托車制造	2.82E-05	方便食品制造
0.000525	調味品, 發酵制品制造	2.6E-05	水泥及石膏制品制造
0.000486	電子元件制造	2.36E-05	熱力生産和供應
0.000453	基礎化學原料制造	2.32E-05	磚瓦, 石材及其他建築材料制造
0.000439	電線, 電纜, 光纜及電工器材制造	2E-05	紙制品制造
0.000436	專用化學産品制造	1.62E-05	焙烤食品制造
0.000404	酒的制造	1.52E-05	紡織服裝, 鞋, 帽制造業
0.00032	煙煤和無煙煤的開采洗選	1.4E-05	植物油加工
0.000308	常用有色金屬冶煉	1.31E-05	其他農副食品加工
0.000277	石墨及其他非金屬礦物制品制造	6.27E-06	鋸材, 木片加工

Abstract

Technology Spillover Effect of Foreign Direct Investment into China

Meng, Qing Lei

School of Economics South-Central University for Nationalities.

There is a growing interest in technology transfer and spillover effect of FDI, a growth engine of China's economic development. The purpose of this dissertation is to implement empirical analysis to the technology spillover effects of foreign direct investment within China. To do this, the 2SLS system method incorporating panel simultaneous equations to capture China's domestic and foreign firms' interactions, and the static and dynamic panel method are used.

This research is different from other research in that I adopted unprecedented above two methods while most previous papers are based on simple OLS and panel analysis to investigate the technology spillover effects of FDI on China. In addition, I examined on technology spillover effects by the source countries of investment, the ownership of firms, and industry that is not considered in other papers to analyze the heterogenous effects of FDI.

The results about regional technology spillover effects of FDI within China are summarized as follows.

First, competition and technology spillover effect has a positive relationship. It implies that the more competition between China's firms and foreign firm is, the more significant technology spillover effect has.

Second, capital intensity and technology spillover effect has a positive relationship. It means that as firms increase their capital intensity, labor productivity increases as well.

Third, the size of human capital and technology spillover effect has an unexpected negative relationship. The reason seems that high skilled labors of China do not contribute to their firms' achievement.

Fourth, the size of firms shows an expected positive sign. It suggests that the improved ability of technique acquirement by expanding the size of firms causes to increase their labor productivity.

Fifth, technology gap and its spillover effect has an expected positive relationship. In other word, technology spillover effect is low when there exists large technology gap between foreign and domestic firms of China.

Finally, the higher domestic market share of foreign firms and technology spillover effect has a positive relationship. It implies that as foreign firms have the higher market share in China, technology spillover effect has the stronger impact.

The results about industrial technology spillover effects of FDI within China are summarized as follows.

First, the increase in labor and capital inputs has a positive impact on the value-added of China's manufacturing industries. It implies that labor and capital inputs are still important factors for the growth of the value-added since China's economic growth is in an input driven development stage.

Second, the ratio of industrial concentration across regions has a positive impact on technology spillover to private firms while it has a negative impact to non private firms. It also has a positive impact on technology spillover to technology intensive industries but not for labor intensive industries.

Third, the result about the intra-industry technology spillover effects of FDI suggests that in every region, intra-industry technology spillover has a positive impact on the labor productivity of private firms but not for public firms. In addition, the intra-industry technology spillover of FDI from Hong-Kong, Macau and Taiwan has a positive impact on the labor productivity of private firms in every regions except for west area, but not for public firms. In the case of FDI coming from other countries, it has a positive impact on the both of private and non private firms except for one in the central area.

Fourth, the result of the forward linkage effect of FDI suggests that it decreases the labor productivity of private firms while it increases the labor productivity of non private firms. Furthermore, it does not matter where the FDI comes from. On the other hand, it does not affect the labor productivity of private and non private firms in the case of technology intensive industry coming from other countries. In regards to labor intensive industry, the forward linkage effect of FDI coming form Hong-Kong, Macau and Taiwan does not affect the labor productivity of private and non private firms in only west area while one coming form other countries affects the labor productivity of both types of firms.

Finally, the result of the backward linkage effect of FDI suggests that in the west area, it has a positive impact on labor productivity of non private firms in the whole and technology intensive industry. On the other hand, the backward linkage of FDI coming from Hong-Kong, Macau and Taiwan has a positive impact on labor productivity of non private firms in all area.

Key Words : FDI, China, Technology Spillover

중국에 대한 외국인 직접투자의 기술파급효과

초판인쇄 2014년 1월 20일
초판발행 2014년 1월 27일

저 자 孟庆雷

발행인 서거석
발행처 전북대학교 출판문화원
출판등록 제465-2012-000021호
주소 전라북도 전주시 완산구 어진길 32(풍남동 2가)

값 13,000원

ISBN 978-89-98534-09-7 93320

이 도서의 국립중앙도서관 출판시도서목록(CIP)은 서지정보유통지원시스템 홈페이지(http://seoji.nl.go.kr)와 국가자료공동목록시스템(http://www.nl.go.kr/kolisnet)에서 이용하실 수 있습니다.(CIP제어번호: CIP2014001309)